DE LA SUGGESTION

DR. HIPPOLYTE BERNHEIM

ALICIA ÉDITIONS

TABLE DES MATIÈRES

AVERTISSEMENT · 1

CHAPITRE 1 · 3
Considérations historiques. — Magnétisme minéral et animal — Mesmer. — Puységur et somnambulisme. — Braid et hypnotisme. — Liébeault et le sommeil provoqué. — Suggestion à l'état de veille.

1) Magnétisme. · 3
2) Braid et hypnotisme. · 5
3) Liébeault et sommeil provoqué. · 8
4) Suggestibilité normale à l'état de veille. · 10

CHAPITRE 2 · 12
De la suggestibilité. — Définition. — Idéodynamisme. — Transformation de l'idée en mouvement, sensation, émotion, acte organique. — Neutralisation par l'idée. — Causes qui empêchent la suggestion de se réaliser. — États qui favorisent cette réalisation. — Crédivité et contrôle.

1) Définition de la suggestion. · 12
2) Idéodynamisme. · 13
3) Suggestion non réalisée. · 16
4) États qui augmentent la suggestibilité. · 17
5) Crédivité et contrôle. · 18

CHAPITRE 3 · 20
Phénomènes expérimentaux de suggestion. — Catalepsie expérimentale et spontanée. — Contracture. — Mouvements automatiques. — Paralysies. Suggestions diverses de motilité.

1) Catalepsie expérimentale. · 20
2) Catalepsie spontanée. · 22
3) Contractures et mouvements automatiques. · 24
4) Paralysies psychiques. — Suggestions diverses de motilité. · 25

CHAPITRE 4 · 27
Phénomènes expérimentaux de suggestion. — Anesthésies sensitivo-sensorielles. — Exaltation et perversion des sensibilités. — Rôle de la suggestion médicale inconsciente dans la production de ces phénomènes. — Rôle de la suggestion médicale dans les anesthésies.

1) Anesthésies sensitivo-sensorielles suggérées. · 27
2) Rôle de la suggestion médicale dans les anesthésies sensitivo-sensorielles. · 28
3) Sensibilités exaltées ou perverties par suggestion expérimentale. Suggestion médicale inconsciente. · 29

CHAPITRE 5   32

Phénomènes de suggestion. — Aberrations sensorielles. — Illusions et hallucinations. — Hallucinations actives ou passives. — Hallucinations négatives. — Cécité et surdité psychiques.

1) Illusions et hallucinations suggérées.   32
2) Hallucinations actives et passives.   33
3) Hallucinations négatives.   34
4) Anesthésies sensorielles et sensitives psychiques.   35

CHAPITRE 6   40

Phénomènes de suggestion. — Hallucinations rétroactives. — Souvenirs fictifs par suggestion. — Faux témoignages dans les affaires judiciaires, faits de bonne foi. — Conclusions pratiques.

1) Hallucinations rétroactives.   40
2) Faux témoignages de bonne foi dans les affaires judiciaires.   45
3) Conclusions pratiques.   47

CHAPITRE 7   49

Du sommeil provoqué dit hypnotique. — Procédés. — Degrés de sommeil. — Classification de Liébeault.

1) Sommeil par suggestion. — Procédés.   49
2) Degrés de sommeil.   51

CHAPITRE 8   55

De l'amnésie après le sommeil ou après l'état de suggestion sans sommeil. — Amnésie complète ou incomplète. — Explication de l'amnésie. — Des souvenirs latents. — Amnésie rétro-active. — Suggestions post-hypnotiques.

1) Amnésie après le sommeil ou après l'état de suggestion sans sommeil.   55
2) Explication de l'amnésie. — Des souvenirs latents.   57
3) Réveil spontané des souvenirs latents.   59
4) Réveil par suggestion des souvenirs latents.   59
5) Amnésie rétroactive.   60
6) Suggestions post-hypnotiques.   62
7) Interprétation des suggestions à longue échéance.   64

CHAPITRE 9   67

Observations de somnambulisme provoqué. — Types divers. — Définition et conception du mot somnambulisme. — Somnambulisme spontané du sommeil avec ou sans hallucinations. — Somnambulisme à l'état de veille. — Vie somnambulique. — Condition seconde. — Dédoublement de la personnalité. — Crimes et délits en condition seconde. — États divers de conscience dans la vie habituelle avec ou sans amnésie.

1) Observations de somnambulisme provoqué.   67
2) Définition et conception du mot somnambule.   82
3) Somnambulisme spontané du sommeil, avec ou sans hallucinations.   84

4) Somnambulisme à l'état de veille. 85

5) Vie somnambulique. Condition seconde. Personnalité double. 88

6) États divers de conscience dans la vie habituelle avec ou sans amnésie. 94

CHAPITRE 10 97
Des suggestions criminelles. — Crimes expérimentaux. — Résistance variable. — Obéissance par réflexe impulsif. — Par raisons auto-suggestives de défense. — Par état natif amoral. — Élément suggestif dans les crimes réels. — Observations. — Imitation et publicité.

1) Crimes expérimentaux. 97
2) Résistance variable. 101
3) Élément suggestif dans les crimes réels. Observations. 104
4) Imitation. Publicité. 110

CHAPITRE 11 113
Attentats commis sur une personne en état d'hypnotisme ou de suggestion. — Viol par suggestion.

CHAPITRE 12 116
Suggestion dans l'éducation. — Innéité. Atavisme. — Éducation morale et intellectuelle. — Direction des instinctifs et impulsifs. — Aberrations collectives. — Psychologie des foules. — Responsabilité morale.

1) Suggestion dans l'éducation. 116
2) Instinctifs et impulsifs. 121
3) Aberrations collectives. Psychologie des foules. 122
4) Responsabilité morale. 124

CHAPITRE 13 126
Médecine suggestive inconsciente. — Liébeault. — Limites et indications de la psychothérapie. — Des psychonévroses. — Hystérie. — Neurasthénie. — Psychoses partielles. — Éléments psychonerveux dans les maladies organiques.

1) Médecine suggestive ancienne — Liébeault. 126
2) Psychonévroses. 128
3) Hystérie. 136
4) Neurasthénie. 142
5) Éléments psychonerveux dans les maladies organiques. 144

CHAPITRE 14 146
Psychothérapie dans le sommeil provoqué et à l'état de veille. — Procédés divers. — Psychothérapie spéciale à l'hystérie. — Inhibition des crises et de la diathèse.

1) Psychothérapie. — Les procédés. 146
2) Psychothérapie spéciale de l'hystérie. 151

CHAPITRE 15   156

École de la Salpêtrière. — Trois phases de l'hypnotisme. — Transfert par les aimants. — Métallothérapie. — Définitions diverses du mot suggestion. — Dénaturation de mes idées sur la suggestion et l'hystérie.

1) École de la Salpêtrière.   156
2) Définitions diverses du mot suggestion.   159
3) Dénaturation de mes idées.   160

AVERTISSEMENT

« *Dans l'intention de perfectionner ma technique hypnotique, je me rendis en été 1889 à Nancy où je passai plusieurs semaines...Je fus témoin des expériences étonnantes de Bernheim sur ses patients hospitaliers, et j'en ramenai les impressions les plus prégnantes de la possibilité de processus psychiques puissants...* »

— FREUD - 1925

« *La suggestibilité, c'est l'aptitude du cerveau à recevoir ou évoquer des idées et sa tendance à les réaliser, à les transformer en actes.* »

Je réponds au désir qui m'a été exprimé d'écrire pour le grand public un petit livre sur l'hypnotisme et la suggestion. Ces mots éveillent encore dans les esprits, même médicaux, l'idée d'une chose extraordinaire, mystérieuse, due à des forces fluidiques inconnues. Occultisme, magnétisme, hypnotisme, ces mots impressionnent encore vivement les imaginations. Beaucoup de médecins même n'osent pas s'aventurer dans ce domaine qu'ils considèrent encore un peu comme extra-scientifique. C'est pour combattre cette conception erronée, pour dégager la question de son apparence mystique et thaumaturgique, ce qui a été mon objectif constant, que je condense dans ces pages, au risque de me répéter, les faits que j'ai observés et les idées que trente ans d'expérience m'ont permis de mûrir sur cette question.

CHAPITRE 1

CONSIDÉRATIONS HISTORIQUES. — MAGNÉTISME MINÉRAL ET ANIMAL — MESMER. — PUYSÉGUR ET SOMNAMBULISME. — BRAID ET HYPNOTISME. — LIÉBEAULT ET LE SOMMEIL PROVOQUÉ. — SUGGESTION À L'ÉTAT DE VEILLE.

1) MAGNÉTISME.

Quelques mots d'historique sont nécessaires pour la compréhension du sujet. L'hypnotisme est né du magnétisme comme la chimie est née de l'alchimie. La suggestion est née de l'hypnotisme.

Qu'est-ce que le magnétisme ou mesmérisme ?

On sait que c'est vers la fin du XVIIIe siècle que le médecin autrichien Mesmer vint à Paris prêcher sa doctrine et exercer sa thérapeutique nouvelle. Cependant sa doctrine n'était pas nouvelle ; elle est contenue tout entière dans la philosophie et la théosophie du XVIe et du XVIIe siècle ; elle est inspirée par les travaux de Paracelse, de Van-Helmont, de Robert Fludd, de Maxwell, du père Kircher et autres.

Jusqu'en 1776, Mesmer se contentait de faire des expériences avec l'aimant artificiel, comme moyen curatif dans les maladies nerveuses. Longtemps avant lui, l'analogie supposée entre le magnétisme minéral et le magnétisme animal avait engagé les médecins à rechercher dans l'aimant naturel et artificiel des propriétés thérapeutiques. Déjà Paracelse avait traité par les aimants beaucoup de maladies, les hémorragies, les hystéries, les convulsions. Du temps du père Kircher, au XVIIe siècle, on faisait divers appareils aimantés, anneaux, bracelets, colliers, qui portés sur diverses régions du corps calmaient les douleurs et certaines manifestations nerveuses. Au siècle avant-dernier, le père Hell astronome à Paris, fabriquait des aimants artificiels, qui furent appliqués sous forme d'armatures au traitement des spasmes, des convulsions, des paralysies. L'abbé Lenoble, en 1771, établit à Paris un dépôt d'aimants plus puissants encore et plus efficaces. La Société royale de médecine nomma une commission chargée de vérifier l'exactitude de ses assertions. Le rapport d'Andry et Thouret conclut à l'action réelle et efficace de ces aimants contre les troubles divers du système nerveux.

Mesmer fit quelques expériences avec le père Hell ; mais il quitta bientôt les sentiers battus du magnétisme minéral et porta ses aspirations théoriques et pratiques vers le magnétisme céleste. C'est un fluide universel, moyen d'une influence mutuelle, entre les corps célestes, la terre et les corps animés, susceptible de flux et de reflux. La nature offre dans le magnétisme un moyen infaillible de guérir et de préserver les hommes. Ces élucubrations n'étaient pas nouvelles. Mais avant Mesmer, les magnétiseurs ne savaient diriger l'esprit vital ou le fluide universel mystérieux qu'en préparant des amulettes, des talismans, des sachets, des boîtes magiques. C'était la médecine magnétique du sympathéisme. Mesmer inventa des pratiques bizarres, fascination avec une baguette conique, attouchements, manipulations diverses et surtout les baquets magnétiques. Ces baquets contenaient, rangées d'une façon particulière, des bouteilles remplies d'eau et recouvertes d'eau, reposant sur un mélange de verre pilé et de limaille de fer. Un couvercle percé de trous laissait sortir des tiges de fer plongeant dans le liquide, et dont l'autre extrémité, coudée, mobile, s'appliquait au corps des malades assis en plusieurs rangs autour de la cuve et reliés entre eux par une corde partant de la cuve.

Le courant animal du magnétiseur dirigé par ses manipulations se rencontrant avec celui de la cuve détermine, au bout d'un temps variable, chez les sujets des troubles nerveux divers, sommeil, pandiculations, bâillements, spasmes, pleurs, anesthésie, catalepsie, hallucinations, cris, crises d'hystérie, etc., toutes manifestations que les émotions vives, sans baquets, peuvent produire chez les sujets très impressionnables. Des guérisons pouvaient se produire dans cet état chez les malades venus dans ce but et suggestionnés par cet appareil impressionnant. Mesmer recherchait surtout les crises convulsives comme nécessaires au but thérapeutique ; il fabriquait l'hystérie plutôt que le sommeil magnétique. Un des élèves de Mesmer, le marquis de Puységur en 1789, dégagea parmi les phénomènes dits magnétiques le sommeil ou somnambulisme. Ce n'est plus une crise convulsive qu'il obtient par des passes magnétiques ou le contact d'un arbre magnétisé par ses passes ; c'est un sommeil tranquille, avec exaltation, croyait-il, des facultés intellectuelles, et obéissance passive, sommeil lucide et curateur. Ce n'est plus un fluide universel qui agit ; c'est un fluide nerveux ou autre émanant du corps du magnétiseur et que sa volonté peut projeter au-dehors de lui sur d'autres. C'est la volonté qui magnétise. « Croyez et veuillez », telle était sa formule. Ce n'était plus la théorie nébuleuse et astrale de Mesmer, ce n'était plus non plus son grand appareil. Puységur magnétisait par de simples mouvements exercés à la main, par l'attouchement, par des baguettes de verre, par l'influence d'un arbre magnétisé, dans sa terre de Busancy, autour duquel les malades venaient de plusieurs lieues s'asseoir et dormir pour recouvrer la santé.

Les successeurs de Mesmer et de Puységur continuèrent à magnétiser par de simples passes empiriques que chacun modifiait à sa guise.

Cependant le charlatanisme éhonté de Mesmer jeta un discrédit sur sa méthode ; les manipulations même réduites à de simples passes grossières n'avaient aucun caractère scientifique ; aussi les corps savants condamnèrent, après examen, les doctrines nouvelles. Le magnétisme dédaigné par la science, conserva toujours des adeptes en dehors du monde officiel. La question revint plus tard à l'Académie de médecine, et le rapport lu par Husson en 1831 conclut à la réalité et à l'utilité du magnétisme ; il reconnaît que de simples passes, ou même le simple regard ou la volonté du magnétiseur, produisent le sommeil ou somnambulisme ; si le sommeil est profond, il y a anesthésie et amnésie au réveil.

« Quelques-uns des malades magnétisés n'ont ressenti aucun bien. D'autres ont éprouvé un soulagement plus ou moins marqué ; l'un, la suspension des douleurs habituelles, l'autre le retour des forces, le troisième un retard de plusieurs mois dans l'apparition des accès épileptiformes, et un quatrième la guérison complète d'une paralysie grave et ancienne. » L'Académie n'osa imprimer ce rapport dont elle laissa la responsabilité à son auteur qu'on appelait volontiers le crédule Husson.

2) BRAID ET HYPNOTISME.

Le magnétisme était oublié par le monde scientifique et, perdu dans l'occultisme, n'existait pas comme doctrine, lorsqu'un médecin de

Manchester, James Braid, découvrit en 1841 ce fait, que lorsqu'on fait fixer à un sujet un objet brillant à peu de distance au-dessus du front, l'esprit uniquement attaché à l'idée de cet objet, il tombe dans un état de sommeil spécial. Dans ce sommeil, dit *hypnotique* ou *braidique*, on peut observer l'anesthésie, l'hallucinabilité, la suggestibilité, comme nous le décrirons plus loin. Braid définit l'hypnotisme un sommeil nerveux ; c'est-à-dire *un état particulier du système nerveux déterminé par des manœuvres* artificielles, *état particulier amené par la concentration de l'œil mental et visuel sur un objet*. La provocation de l'hypnose serait donc due, d'une part, à une cause physique : fixité des yeux prolongée sur un objet, d'où paralysie par épuisement des muscles releveurs des paupières et destruction de l'équilibre du système nerveux ; d'autre part, à une cause psychique : fixité d'attention dans laquelle l'esprit est absorbé par une pensée unique.

« Alors, dit Braid, le patient tombe dans l'indifférence ; il est fermé, pour ainsi dire, à toute pensée, à toute influence étrangère à l'image que lui retrace son esprit. Dans cet état, son imagination devient si vive que toute idée agréable développée spontanément, ou suggérée par une personne à laquelle il accorde d'une façon toute particulière attention et confiance, prend chez lui toute la force de l'actualité, de la réalité. »

L'expérience amène Braid à attribuer à l'élément psychique une prédominance sur l'élément physique : « Les sujets exercés deviennent susceptibles d'être affectés entièrement par l'imagination. Chez des individus très sensibles, la simple supposition qu'il se fasse quelque chose capable de les endormir suffit pour produire le sommeil. » C'est, on le voit, déjà la doctrine de la suggestion, telle que nous la retrouvons plus franchement formulée par Liébeault.

Braid constate d'ailleurs que l'hypnose obtenue par son procédé n'est pas un état identique chez tous les sujets ; ce n'est pas toujours un sommeil profond : « C'est plutôt une série d'états différents, susceptibles de varier indéfiniment, depuis la rêverie la plus légère avec excitation ou dépression des fonctions jusqu'au coma profond avec absence complète de connaissance et de volonté. » Nous verrons plus loin qu'en réalité ce coma profond avec inconscience n'existe pas.

Déjà Husson, dans son rapport, avait constaté que le sommeil magnétique n'est pas toujours un sommeil complet. « C'est un engourdissement plus ou moins profond, de l'assoupissement, de la somnolence, et dans un petit nombre de cas, ce que les auteurs appellent somnambulisme. » Braid ajoute judicieusement : « À parler rigoureusement le mot hypnotisme devrait être réservé aux sujets seuls qui tombent en effet dans le sommeil et qui oublient au réveil tout ce qui s'est passé dans cet état. Quand celui-ci fait défaut, il n'est question que d'assoupissement ou de rêverie. Il serait donc à propos d'établir une terminologie répondant à ces modifications. En effet, parmi les sujets susceptibles de guérison par l'hypnotisme, à peine un sur dix arrive-t-il jusqu'à la phase du sommeil inconscient. Le mot hypnotisme peut alors les induire en erreur et leur faire croire qu'ils ne tirent aucun profit d'un procédé dont les effets caractéristiques et évidents ne paraissent pas être ceux qu'indique leur qualification. »

Malgré ces considérations, l'auteur propose de donner *le nom d'hypnotisme à la production du sommeil artificiel, quand il y a perte de la mémoire, de façon qu'au réveil le patient n'a aucun souvenir de ce qui s'est passé pendant le sommeil.*

Nous verrons que cette amnésie n'est jamais absolue et présente aussi des degrés variables. Quoi qu'il en soit, il résulte de cette conception de Braid, que, suivant lui, l'état qu'il appelle hypnotique n'est pas nécessaire à l'obtention des effets thérapeutiques.

Braid applique en effet sa méthode à la thérapeutique, comme Mesmer et ses successeurs y avaient appliqué le magnétisme. Mais il procède encore par manipulations et non par suggestion. Les effets salutaires seraient dus, d'une part, aux modifications de circulation qu'on détermine en réalisant la rigidité cataleptiforme du membre dont on veut activer cette circulation, et la flaccidité des autres ; d'autre part, en augmentant l'activité d'un organe particulier qu'on actionne pour y concentrer l'énergie nerveuse, les autres restant endormis. Braid ne connaissait pas la suggestion thérapeutique.

L'analogie du braidisme avec l'ancien magnétisme ne fut pas soupçonnée.

Les expériences et la doctrine de Braid ne firent pas grand bruit en Angleterre ; en France, elles furent à peine connues. C'est seulement en 1859 qu'une communication du professeur Azam, de Bordeaux, à la Société de chirurgie de Paris, appela l'attention sur l'hypnotisme et lui donna un grand retentissement. On fit, à l'exemple d'Azam, quelques expériences dans les hôpitaux d'hypnotisation par fixation d'un point brillant pour obtenir le sommeil anesthésique. Les chirurgiens cherchèrent surtout dans ce procédé un moyen d'anesthésie chirurgicale pour remplacer le chloroforme. Il y eut des tentatives heureuses ; d'autres échouèrent ; et on dut reconnaître que, si l'analgésie absolue et durable s'obtient parfois, elle est exceptionnelle, surtout chez les sujets impressionnés par l'attente d'une opération.

Le braidisme ne fut qu'un objet de curiosité éphémère ; on n'y vit que l'analgésie, sans soupçonner les autres phénomènes, cependant relatés par Braid ; on ne pensa pas à ses applications thérapeutiques. Le braidisme, paraissant dénué d'intérêt pratique, retomba dans un profond oubli.

3) LIÉBEAULT ET SOMMEIL PROVOQUÉ.

En 1866, le docteur Liébeault, de Nancy, qui depuis nombre d'années poursuivait ses recherches sur l'ancien magnétisme et l'hypnotisme, publia un livre : *Du sommeil et des états analogues considérés surtout au point de vue de l'action du moral sur le physique*. Le livre resta aussi inconnu que l'auteur jusqu'en 1883, époque à laquelle je fis connaître au monde médical Liébeault, sa doctrine et sa pratique.

À la conception psychophysique de l'hypnotisme, Liébeault substitue celle du *sommeil provoqué par suggestion*.

Pour produire ce sommeil, les manipulations dites magnétiques de Mesmer et de ses successeurs ne sont pas nécessaires, la fixation d'un point brillant au-dessus des yeux, comme le faisait Braid, n'est pas nécessaire la suggestion est tout. Liébeault, tout en se faisant encore regarder dans les yeux par le sujet, pour fixer son attention, l'invite à dormir, en annonçant les principaux symptômes qui préludent au sommeil, la pesanteur des paupières, la sensation de somnolence, l'obtusion des sens, l'isolement du monde extérieur. Ces symptômes, il les répète plusieurs fois d'une voix douce, quelquefois un peu impérative. Par cette suggestion répétée, l'idée de dormir s'insinue peu à peu dans l'esprit et finit, quelquefois, en peu de secondes, d'autres fois, en peu de minutes, par se réaliser. L'image psychique du sommeil évoque l'acte sommeil.

La suggestion, dit Liébeault, *est la clef du braidisme*. Il n'y a pas de fluide magnétique ; il n'y a pas d'action physique hypnotisante, il n'y a qu'une action psychique : *l'idée*. C'est la théorie psychique pure substituée à la théorie fluidique de Mesmer, et à la théorie psychophysiologie de Braid.

Les phénomènes constatés par les observateurs dans ces états, anesthésie, catalepsie, suggestibilité, hallucinabilité, etc., tels que nous les étudierons, successivement rapportés à une influence magnétique, à une influence hypnotique, sont, pour Liébeault, fonction du sommeil provoqué.

Ce sommeil d'ailleurs, suivant Liébeault, est identique au sommeil naturel. Il n'en diffère que par ce fait que le sujet endormi par l'opérateur reste en rapport avec lui et peut être influencé par lui. Mais cette différence en réalité n'en est pas une ; car on peut souvent par la parole se mettre en rapport avec un sujet endormi spontanément, en lui parlant doucement sans le réveiller, et alors on peut déterminer chez lui les mêmes phénomènes que ceux du sommeil provoqué. *Ces phénomènes sont dus à la suggestibilité normale, exaltée dans la concentration psychique du sommeil.*

Liébeault a eu surtout le mérite d'avoir érigé en système et méthode *la psychothérapie suggestive pendant le sommeil provoqué*. Nous avons vu que Mesmer et ses successeurs avaient constaté la vertu thérapeutique du magnétisme animal, attribuée à l'influence fluidique. Braid faisait de l'hypnotisme thérapeutique, mais il procédait par des manipulations destinées à produire des modifications de la circulation ou de l'activité des organes, qu'il jugeait utiles dans certaines maladies. Il faisait, sans doute, de la suggestion sans le savoir. Liébeault le premier a recours à la suggestion verbale dans le sommeil provoqué. *Il endort par la parole, il guérit par la parole.* Il met dans le cerveau l'image psychique du sommeil, il cherche à y mettre l'image psychique de la guérison. Si la suggestion peut, comme nous le verrons, réaliser de la douleur, de l'anesthésie, de la contracture, de la paralysie, si elle crée des troubles fonctionnels, il est rationnel de penser qu'elle peut aussi dissiper des troubles existants. Si elle fait de l'analgésie, neutralisant une douleur réelle provoquée expérimentalement, il est probable aussi qu'elle peut neutraliser une douleur provoquée par une maladie. Cette idée si simple et qui devait, semble-t-il, s'imposer à l'esprit des expérimentateurs, Liébeault l'a le premier systématiquement appliquée à la thérapeutique, exagérant cependant avec sa foi, il faut le dire, la portée pratique de sa doctrine.

Tandis que le modeste médecin de province poursuivait son œuvre à l'insu de tous, même de ses confrères de Nancy, le magnétisme, l'hypnotisme, le somnambulisme provoqué n'avaient pas de place dans la science classique. Le professeur Charles Richet eut le mérite de reprendre les expériences en 1873 et publia en 1875 dans le *Journal de Robin* un article sur le somnambulisme provoqué qui fit sensation dans le monde scientifique. Il procédait par des passes, des excitations faibles de toute nature, et par la fixation d'un point brillant. Il constata la réalité des phénomènes dits hypnotiques : anesthésie, catalepsie, hallucinabilité, docilité automatique, état de somnambulisme, etc. C'était pour lui une névrose spéciale avec peu ou point d'applications à la thérapeutique.

Puis vint Charcot et l'école de la Salpêtrière qui commencent leurs expériences en 1878. L'hypnotisme, tel qu'il est conçu par elle, apparaît comme une *névrose expérimentale, susceptible d'être provoquée seulement chez les hystériques ;* elle est assimilable à une crise d'hystérie et la possibilité de la déterminer sur un sujet implique cette diathèse. Cette névrose provoquée étudiée par la Salpêtrière n'est d'ailleurs pour elle qu'un appareil de phénomènes curieux, sans application pratique. Nous verrons plus loin que cette névrose, telle qu'elle est décrite par Charcot, et systématisée par lui, n'est qu'une hypnose de culture, créée artificiellement par l'éducation suggestive des sujets.

Je fis connaître la doctrine de Liébeault en 1889, avec mes recherches personnelles dans un mémoire *De la suggestion dans l'état hypnotique et dans l'état de veille* (*Revue médicale de l'Est,* 1883, et brochure O. Doin, 1884). En 1886, je publiai : un volume : *De la suggestion et de ses applications à la thérapeutique* ; et en 1890 un volume : *Hypnotisme, Suggestion, Psychothérapie,* dont la 3ᵉ édition a paru en 1910.

4) SUGGESTIBILITÉ NORMALE À L'ÉTAT DE VEILLE.

La doctrine de Liébeault a subi, par mon influence, une évolution nouvelle. À la théorie de la suggestibilité par le sommeil provoqué, j'ai cherché à substituer celle de la *suggestibilité normale à l'état de veille.* À la psychothérapie hypnotique, j'ai ajouté et substitué peu à peu la thérapeutique suggestive à l'état de veille qui est devenue la psychothérapie moderne.

Liébeault avait déjà établi, nous l'avons dit, que le sommeil provoqué par suggestion ne diffère pas en réalité du sommeil naturel ; que les mêmes phénomènes dits hypnotiques peuvent être provoqués dans celui-ci. Cela veut dire en réalité : il n'y a pas d'hypnotisme, il n'y a que de la suggestion ; c'est-à-dire, il n'y a pas un état spécial, artificiel, anormal ou hystérique qu'on peut qualifier d'hypnose ; il n'y a que des phénomènes de suggestion exaltée qu'on peut produire dans le sommeil, naturel ou provoqué.

Cependant, je fus frappé de ce fait déjà constaté par Braid, Liébeault et d'autres, *que le sommeil n'est pas nécessaire à la manifestation des phénomènes dits hypnotiques*, anesthésie, contracture, hallucinabilité, obéissance passive, etc., que ces phénomènes peuvent être réalisés par suggestion à l'état de veille, sans sommeil. Celui-ci lui-même est un phénomène de suggestion qui peut aboutir ou ne pas aboutir, comme les autres actes suggérés, mais il n'est pas nécessaire préalablement pour obtenir les autres phénomènes. Le cerveau normal, sans être mis en sommeil ou état passif, comme dit Liébeault, peut, par suggestion, réaliser tous ces actes. J'ai constaté invariablement que lorsqu'un sujet très suggestible peut être anesthésié, halluciné, déterminé à divers actes, dans le sommeil provoqué, il est justiciable des mêmes suggestions, à l'état de veille, sans avoir jamais été endormi préalablement.

J'ai donc pu affirmer catégoriquement : *Les phénomènes de suggestion ne sont pas fonction d'un état magnétique (Mesmer), ni d'un état hypnotique (Braid), ni d'un sommeil provoqué (Liébeault), ils sont fonction d'une propriété physiologique du cerveau qui peut être actionnée à l'état de veille, la suggestibilité.*

CHAPITRE 2

DE LA SUGGESTIBILITÉ. — DÉFINITION. — IDÉODYNAMISME. — TRANSFORMATION DE L'IDÉE EN MOUVEMENT, SENSATION, ÉMOTION, ACTE ORGANIQUE. — NEUTRALISATION PAR L'IDÉE. — CAUSES QUI EMPÊCHENT LA SUGGESTION DE SE RÉALISER. — ÉTATS QUI FAVORISENT CETTE RÉALISATION. — CRÉDIVITÉ ET CONTRÔLE.

1) DÉFINITION DE LA SUGGESTION.

La suggestibilité, c'est l'aptitude du cerveau à recevoir ou évoquer des idées et sa tendance à les réaliser, à les transformer en actes.

Un cerveau comateux n'est pas suggestible parce qu'il n'a pas d'idées. Un cerveau d'idiot est peu suggestible parce qu'il a peu d'idées. Toute idée, qu'elle soit communiquée par la parole, par la lecture, par une impression sensorielle, sensitive, viscérale, émotive, qu'elle soit évoquée par le cerveau, est en réalité une suggestion. La parole est une suggestion par voie auditive, la lecture est une suggestion par voie visuelle, une odeur désagréable qui fait fuir est une suggestion par voie olfactive, un goût répugnant qui fait rejeter un aliment est une suggestion par voie gustative, une émotion agréable qui réjouit l'âme est une suggestion par voie émotive, une caresse significative est une suggestion tactile, une sensation de faim qui donne l'idée de manger, voilà une suggestion d'origine viscérale. Toute impression transférée au centre psychique devient une idée, devient suggestive.

Tout phénomène de conscience est une suggestion. L'auto-suggestion n'est pas, comme on le croit, une suggestion qu'on se donne volontairement à soi-même, mais une suggestion née spontanément chez quelqu'un, en dehors de toute influence étrangère appréciable. Telles sont les suggestions que déterminent les sensations internes, une douleur précordiale qui donne l'idée d'un anévrisme, une céphalée qui donne l'idée d'une méningite, une faiblesse de jambes qui donne l'idée de myélite ; la plupart des conceptions hypocondriaques sont de l'auto-suggestion greffée sur des sensations réelles.

Chaque cerveau d'ailleurs interprète l'impression à sa façon. Car *la suggestion n'est pas un simple fait passif une simple image psychique déposée dans le cerveau.* La vue d'un bel objet provoque chez les uns de l'indifférence, chez les autres de l'admiration, chez le troisième le désir de l'acheter, chez tel l'idée de le voler, chez tel l'idée de se l'approprier par des voies détournées, de façon à ne pas se compromettre. En toute circonstance, le cerveau psychique intervient activement, chacun suivant son individualité, pour transformer l'impression en idée, et pour élaborer celle-ci : chaque idée suggère d'autres idées, et ces idées se transforment elles-mêmes en sensations, émotions, images diverses : cette association d'idées, de sensations, d'images aboutit à une *synthèse suggestive que chaque individualité réalise à sa façon.*

2) IDÉODYNAMISME.

Mais revenons au processus élémentaire. L'impression est devenue idée. La suggestion est faite. C'est le premier acte de la suggestibilité. Alors survient le second : la suggestion doit se réaliser. *Toute idée suggérée tend à faire acte.* Autrement dit, en langage physiologique, toute cellule nerveuse cérébrale actionnée par une idée actionne les fibres nerveuses qui en émanent, et transmettent l'impression aux organes qui doivent la réaliser. C'est ce que j'ai appelé la loi de *l'idéodynamisme.* Quelques exemples feront comprendre cette assertion qui n'est que l'énoncé en langage psychologique d'un fait d'observation banale.

L'idée devient mouvement. — Je dis à quelqu'un : « Levez-vous. » Le plus souvent, actionné par l'idée, il se lève sans réflexion. Si je répète cette suggestion plusieurs fois, il se défendra contre elle et fera inhibition à sa tendance à se lever. Ma suggestion n'aboutit plus, elle en détermine une autre, en sens contraire.

Une musique dansante fait vibrer notre corps à l'unisson ; et si on se laissait aller, si le contrôle n'intervenait pas pour faire inhibition à un acte instinctif que les conventions mondaines nous ont appris à considérer comme peu convenable, on danserait souvent automatiquement, entraîné par la sensation auditive suggestive. Si on enregistrait par un tracé les mouvements de notre corps pendant l'audition d'une valse entraînante, on trouverait l'ébauche chorégraphique de la danse, à notre insu esquissée, bien qu'inhibée par la volonté. Tels les enfants qui marchent au tambour et au son de la musique, dociles, sans préjugés inhibitoires à l'influence irrésistible de l'acte suggéré. *C'est l'image acoustique psychique devenue acte moteur.*

« Si je ne me retenais pas, je te battrais », cette phrase exprime bien l'effort contre-suggestif que nous sommes obligés de faire pour empêcher l'action idéodynamique.

L'idée devient sensation. — L'idée du sel évoque l'image gustative du sel, l'idée du vinaigre actionne la muqueuse pituitaire, l'idée d'une cloche réveille l'image auditive de la sonnerie. L'idée qu'on a des puces produit des démangeaisons.

Certains ne peuvent songer au grattage des doigts contre un mur sans éprouver la même sensation tactile et cardiaque que donnerait l'acte lui-même.

Entendez prononcer le nom d'un personnage connu : Napoléon. L'image de Napoléon tend à se dessiner sous vos yeux ; c'est une suggestion visuelle. Je dis à quelqu'un : « Voici un chien ! » L'image d'un chien se présente à l'esprit, plus ou moins nette, ébauchée chez la plupart, chez quelques-uns vivante. Sans doute, le plus souvent, ces images sensorielles que l'idée tend à réveiller et à extérioriser sont vagues et n'aboutissent pas. Chez quelques-uns, ou dans certains états d'âme, comme dans le sommeil, les images évoquées par le cerveau aboutissent et en imposent, comme si elles étaient des réalités.

L'idée devient émotion. — Suivez la physionomie d'un lecteur qui lit un drame passionnant accidenté et vous verrez sa physionomie refléter successivement tous les mouvements d'âme, gaieté, tristesse, frayeur, dégoût, rire que la lecture évoque.

Le rire est contagieux ; la tristesse se gagne. Au théâtre, le peuple enfant pleure au spectacle des misères imaginaires, et nous faisons inhibition pour ne pas pleurer.

L'idée devient acte organique. — Les bâillements sont contagieux ; les enfants prennent les tics par imitation ; la vue de quelqu'un qui urine réveille souvent le besoin d'uriner. La purgation qui réussit chez quelques-uns avec les pilules de mie de pain, c'est l'image psychique sensitive de la contraction intestinale évacuatrice créée par l'idée de purgation qui se réalise. Le sommeil provoqué chez un sujet en lui décrivant les sensations du sommeil, comme le faisait Liébeault, c'est l'image psychique du sommeil qui se réalise.

L'expérience suivante montre bien comment un phénomène organique indirectement suggéré peut, à l'insu même du sujet, se produire. J'enregistre le pouls d'un individu avec un sphygmographe à transmission sur un cardiographe de Marey et j'inscris le temps avec un compteur à secondes. Je compte le pouls à haute voix, sans rien dire au sujet ; puis après un certain temps, je compte plus de pulsations qu'il y en a, par exemple 120 au lieu de 80. Puis après un certain temps encore, je compte moins de pulsations qu'il n'y en a, par exemple 45 au lieu de 80. Si plus tard je repère le tracé, je constate que pendant la numération accélérée, le pouls s'est accéléré en moyenne de 10 pulsations par minute, et pendant la numération ralentie, il s'est ralenti de 6 à 7 pulsations par minute.

La numération accélérée ou ralentie a créé dans le cerveau l'idée du rythme accéléré ou ralenti, et cette image psychique, à l'insu du sujet, sans suggestion directe, a actionné l'innervation du cœur. Toute la conception de la suggestion n'est-elle pas dans cette simple expérience ?

Par ces exemples, on voit comment l'idée tend à devenir acte, mouvement, sensation, image, émotion, phénomène organique.

L'idée peut aussi neutraliser un acte, inhiber un mouvement, une sensation, une image, une émotion, une fonction.

Tel sujet greffe sur une certaine faiblesse de jambe réelle que son psychisme exagère une paralysie complète que la psychothérapie guérit : *c'est la locomotion neutralisée par l'esprit*. Tel autre transforme un enrouement catarrhal en aphonie complète ; c'est la contraction des *cordes vocales inhibée par l'idée*.

La sensibilité, tactile et à la douleur, les sensibilités sensorielles, vision, audition, olfaction, gustation, peuvent être, comme nous le verrons, neutralisées facilement chez certains sujets par simple affirmation ou même par auto-suggestion. On raconte l'histoire d'un scélérat qui fut appliqué à la torture sans témoigner aucune souffrance. On trouva dans son oreille gauche un petit papier où était la figure des trois rois, avec ces paroles : « Belle étoile, qui a délivré les mages de la persécution d'Hérode, délivre-moi de tout tourment. » Ce talisman, suggérant l'idée d'analgésie, a suffi pour neutraliser la douleur[1].

Toute la psychothérapie est basée sur cette propriété qu'a le cerveau de créer des actes organiques normaux ou de neutraliser des actes organiques anormaux.

3) SUGGESTION NON RÉALISÉE.

J'ai établi que toute suggestion *tend* à se réaliser ; mais elle ne se réalise pas toujours.

Le sujet peut opposer sa volonté à la tendance instinctive à accepter et à réaliser l'idée. Si je dis à quelqu'un : « Regardez-moi », il me regarde. Si je répète l'injonction plusieurs fois, agacé de mon insistance sans but, il ne me regarde plus, *il ne veut pas*.

Un autre a de la faiblesse dans les jambes. Je lui dis de marcher et j'ajoute qu'il peut le faire. Il essaie et ne peut pas. La suggestion ne réussit pas, parce que le sujet ne peut pas ; l'idée acceptée veut, mais ne peut pas devenir acte. *Le cerveau ne peut pas tout ce qu'il veut.* Certains peuvent réaliser ce que d'autres également dociles ne peuvent pas. Je suggère du sommeil ou une hallucination : tels peuvent, d'autres ne peuvent pas réaliser l'une ou l'autre de ces suggestions, bien qu'ils acceptent l'idée et ne font aucune résistance. C'est le mécanisme cérébral hypnogène ou hallucinatoire qui ne se déclenche pas.

Le cerveau ne veut pas non plus tout ce qu'il peut. À l'état normal, il y a des facultés de raison, de critique, il y a aussi des volitions instinctives qui peuvent créer des tendances opposées à celle qu'on veut déterminer. D'une part, la crédivité et la docilité qui font accepter l'idée peuvent être contrecarrées par les tendances psychiques contraires ; d'autre part, l'idéodynamisme qui doit faire réaliser l'idée acceptée peut être impuissant pour des raisons physiologiques qui empêchent la transformation de cette idée en acte.

Certaines suggestions échouant devant le *contrôle* qui les refuse réussissent quand elles sont faites indirectement, sans contrôle, imposées au sujet, à son insu, par une image psychique, et qu'il n'a ni à l'accepter ni à la rejeter. Je dis à quelqu'un : « Vous allez avoir de la diarrhée. » Le sujet n'est pas influencé, parce qu'il ne me croit pas. Si je lui fais avaler des pilules de mie de pain, sous le nom de pilules purgatives, la purgation peut se réaliser, parce que l'idée imposée par fraude échappe au contrôle et arrive au sensorium, sans être neutralisée par lui.

Je dis à quelqu'un : « Votre pouls va s'accélérer ou se ralentir. » L'action ne se produit pas, le sujet n'est pas suffisamment influencé par mon dire. Si au contraire, comme nous l'avons vu, sans rien dire, je fais à haute voix la numération accélérée ou ralentie du pouls, l'image psychique de ce rythme nouveau peut, à l'insu du sujet, réaliser l'accélération ou le ralentissement du pouls, *parce que le contrôle cérébral auquel il* n'est pas fait appel n'intervient pas pour empêcher la réalisation automatique du phénomène.

Certains, rebelles à la suggestion verbale du sommeil, s'endorment si je leur fais prendre sous la fausse étiquette de sulfonal de l'eau simple avec quelques gouttes de menthe.

La magnétothérapie, la métallothérapie, l'électricité, beaucoup de pratiques instrumentales ou médicamenteuses peuvent être efficaces là où la simple parole ne suffit pas : la suggestion incarnée dans ces pratiques, cachée par elle, ne s'adresse pas à la crédivité qui peut être insuffisante, et ne réveille pas l'esprit de contradiction qui peut être instinctif.

4) ÉTATS QUI AUGMENTENT LA SUGGESTIBILITÉ.

Certains états d'âme peuvent, en augmentant la crédivité, imposant l'idée avec plus de force, ou en stimulant la puissance idéodynamique, favoriser certains modes de suggestibilité. Telles sont certaines émotions, foi religieuse, passions vives, amour, colère, haine, entraînement de l'exemple. La raison, aveuglée par la passion, ne sert plus de contrepoids à la suggestion passionnelle. Ainsi agit aussi une parole persuasive et empoignante. Le sentiment est souvent plus persuasif que le raisonnement. La façon de dire vaut mieux que ce qu'on dit. Lisez les discours de Gambetta ou entendez-les débités d'une voix monotone qui ne dit rien à l'âme. Ont-ils la même vertu persuasive que lorsque le grand tribun les prononça du haut de la tribune avec sa voix sonore, son geste expressif, sa chaleur communicative qui suggestionnaient les masses ?

Parmi ces états d'âme qui augmentent la suggestibilité est le sommeil. Le sommeil n'est pas un état d'inconscience ; c'est un autre état de conscience dans lequel les facultés de contrôle sont engourdies ; l'activité cérébrale automatique, due aux facultés d'imagination, non réprimée par la raison, a tout son jeu. Toutes les idées fortuitement réveillées dans le sensorium au choc de la réminiscence, ou à la suite d'impressions périphériques, sensitives et viscérales, deviennent plus lumineuses ; tout un cinématographe vivant est évoqué par le sommeil dans cet appareil cérébral peuplé de clichés souvenirs qui se déroulent au hasard, sans régulateur vigile. Les idées spontanément écloses deviennent images, les rêvasseries flottantes, balayées par le contrôle à l'état de veille, deviennent hallucinations pendant le sommeil.

Le sommeil donc exalte la suggestibilité, d'une part, parce qu'il augmente la crédivité en supprimant le raisonnement, d'autre part, parce qu'il augmente la force idéodynamique par la prédominance des facultés d'imagination ; ce sont ces deux éléments qui constituent le mécanisme de la suggestion.

5) CRÉDIVITÉ ET CONTRÔLE.

Je dis la crédivité ; ce mot appartient à Durand, de Cros.

« La crédivité, que les théologiens appellent la « foi » nous est donnée afin que nous puissions *croire sur parole*, sans exiger des preuves rationnelles ou matérielles à l'appui. C'est un lien moral des plus importants ; sans lui, pas d'éducation, pas de tradition, pas d'histoire, pas de transaction, pas de pacte social ; car, étant étrangers à toute impulsion de ce sentiment, tout témoignage serait pour nous comme non avenu, et les assurances les plus véhémentes de notre meilleur ami, nous annonçant d'une voix haletante que notre maison prend feu, ou que notre enfant se noie, nous trouveraient aussi froids, aussi impassibles, que si l'on se fût contenté de dire : « Il fait beau » ou « il pleut ». Notre esprit resterait fixe et imperturbable dans l'équilibre du doute ; et l'évidence aurait seule puissance de l'en faire sortir. En un mot, croire sans la crédivité serait aussi difficile que voir sans la vue ; ce serait radicalement impossible. »

La crédivité est une propriété normale du cerveau. Quand cette crédivité devient excessive, elle s'appelle crédulité. *La crédivité est physiologique ; la crédulité est une infirmité.*

La suggestibilité n'est pas proportionnelle à la crédulité. — Tel sujet très crédule accepte volontiers toutes les idées qu'on lui suggère ; mais son cerveau, comme nous l'avons dit, ne réussit pas à transformer toutes les idées en actes ; il ne peut, par exemple, réaliser ni anesthésie ni hallucinations, parce que le dynamisme cérébral qui doit faire ces phénomènes est insuffisant.

D'autre part, la puissance idéodynamique de certaines idées qui se réalisent n'implique pas toujours l'absence de contrôle ; la suggestibilité grande n'implique pas toujours une crédulité excessive ; j'ai vu des sujets hallucinables, sachant très bien qu'ils avaient une hallucination suggérée, que l'image vue n'était pas réelle, qui n'y croyaient pas, et cependant ne pouvaient la chasser. J'ai vu des médecins morphinomanes, ou alcooliques, très intelligents, discutant avec sagacité toutes les conséquences de leur funeste passion, essayant, armés de leur raison, de lutter contre elle, sans succès. Le besoin d'alcool ou de morphine est trop impérieux souvent chez eux pour que leur logique, la plus affinée, puisse la combattre. Les impulsifs, les obsédés ne sont pas des crédules dépourvus de raisonnement, agissant par foi aveugle, simples automates ; ce sont des individus qui ne résistent pas malgré le contrôle, à l'empire de certaines idées. N'avons-nous pas tous en certaines circonstances certaines impulsions irrésistibles ? *Idées impérieuses, idéodynamisme suffisant pour la réalisation de ces idées, quand elles sont réalisables, voilà en un mot ce qui constitue la suggestibilité.*

Tous ces mécanismes de suggestion constituent de la physiologie ou de la psychophysiologie normale : c'est la mise en activité de la suggestibilité, propriété inhérente au cerveau humain, variable suivant les sujets, variable aussi suivant les phénomènes suggérés à chaque individualité, suggestibilité qui peut être exagérée dans certains états d'âme ou dans le sommeil normal. Ces états d'âme n'ont rien de pathologique, à moins d'admettre que le sommeil naturel ou l'action imposée par l'éloquence persuasive ne constituent des phénomènes pathologiques.

Mais, dira-t-on, tous ces faits de la vie courante, c'est bien de la psychologie normale ! C'est trop simple pour être de la suggestion. Ce qui caractérise ce mot, c'est l'étrangeté, la singularité des phénomènes déterminés par elle. Quand on voit un sujet hypnotisé faire de la catalepsie, de l'analgésie, des hallucinations, des actes extraordinaires qui ne semblent pas en rapport avec sa mentalité normale, on ne peut s'empêcher de voir là une chose anormale antiphysiologique, et c'est à ces phénomènes seuls qu'on veut réserver le mot de suggestion. Ma conception serait trop compréhensive, trop simpliste. La suggestion serait toujours de l'hypnotisme à l'état de veille.

---

1. CHARPIGNON : *Étude sur La médecine animique et vitaliste*, Paris, 1864.

CHAPITRE 3

PHÉNOMÈNES EXPÉRIMENTAUX DE SUGGESTION. — CATALEPSIE EXPÉRIMENTALE ET SPONTANÉE. — CONTRACTURE. — MOUVEMENTS AUTOMATIQUES. — PARALYSIES. — SUGGESTIONS DIVERSES DE MOTILITÉ.

Étudions donc ces phénomènes déterminés par la suggestion que les auteurs attribuent à un état particulier du cerveau, état hypnotique, et que je considère comme susceptibles d'être réalisés par un mécanisme physiologique du cerveau normal sans hypnotisme.

1) CATALEPSIE EXPÉRIMENTALE.

Et d'abord la *catalepsie*. Quand un sujet a été hypnotisé, soit par les anciennes passes, soit par la fixation d'un point brillant (Braid), soit par la suggestion verbale (Liébeault) on observe souvent ce phénomène. Je lève un de ses bras en l'air ; il y reste et garde l'attitude donnée ; je lève l'autre bras ; il y reste aussi ; je fléchis un doigt ou plusieurs, ils conservent les positions que je leur donne, quelque bizarres qu'elles soient. Chez les uns, cela se fait d'emblée, chez d'autres, les membres soulevés brusquement retombent, mais si je les maintiens en l'air pendant quelques secondes, le sujet, comme suggestionné par l'idée qu'il doit les maintenir dans l'attitude imprimée, les maintient. D'autres enfin ne les maintiennent pas spontanément ; mais si je leur dis : « Votre bras reste comme je le mets » ; alors la suggestion verbale se réalise et la catalepsie a lieu. Les membres peuvent ainsi rester en l'air pendant vingt minutes, une demi-heure, plus ou moins jusqu'à ce que la fatigue les fasse tomber graduellement ou brusquement.

Cette catalepsie offre des degrés variables. Chez les uns, les bras étant en l'air, il suffit que je leur imprime un petit mouvement pour qu'ils retombent en résolution ; c'est la *catalepsie flaccide*. Chez d'autres, le bras cataleptisé, poussé de haut en bas, tombe un peu avec une certaine résistance, mais s'arrête en route et remonte à sa place comme un ressort ; les doigts défléchis se remettent en flexion ; c'est la *catalepsie élastique* ou *cireuse*.

Chez d'autres, enfin, les membres cataleptisés rigides peuvent à peine être mobilisés par une impulsion donnée ; ils restent figés en contractures ; c'est la *catalepsie rigide ;* et cette rigidité peut être comme *tétanique*.

Dans les membres inférieurs, la catalepsie s'obtient plus rarement en raison de la pesanteur et de la fatigue ; elle exige un effort plus considérable du sujet. Dans certains cas seulement de catalepsie tétanique, on peut provoquer un véritable opisthotonos, la tête renversée en arrière sur une chaise, les pieds sur une autre, la nuque et le corps restant tétanisés en arc de cercle entre ces deux appuis.

Cette catalepsie rigide peut être irrésistible ; le sujet ne peut la vaincre ; je le défie de le faire ; il essaie de résoudre sa contracture et de mobiliser ses membres sans le pouvoir. D'autres, si je les défie, arrivent à la résoudre. Tous les degrés existent, d'ailleurs, entre la catalepsie souple et la catalepsie tétanique ; la suggestion verbale, alors que le sujet ne peut pas spontanément en dépit de ses efforts changer l'attitude imprimée, restaure la souplesse et la mobilisation.

Cette attitude singulière cataleptiforme qui impressionne les observateurs et semble au premier abord un phénomène anormal déterminé par des manœuvres spéciales hypnotiques ou suggestives n'est, en réalité, qu'un phénomène banal que beaucoup de sujets présentent normalement, sans artifice de préparation. Dans un service d'hôpital, il suffit de le chercher pour le trouver. Beaucoup de malades, ou même des sujets bien portants, gardent le bras dans la position qu'on leur donne ; ce sont surtout ceux qui ont peu d'initiative, peu d'activité cérébrale ; ils gardent l'attitude imprimée comme ils gardent les idées qu'on leur donne ; soit qu'ils croient devoir la garder, soit que leur cerveau n'ait pas assez de spontanéité pour la modifier. Quand on lève leur bras, cela est pour eux déjà une suggestion, et, machinalement, ils font un effort qui va jusqu'à la contracture pour fixer le membre dans la position qu'on lui a donnée. Cette attitude cataleptiforme imprimée, cette *cataleptibilité* des sujets me sert souvent de moyen pour coter le degré de suggestibilité. Quand le sujet garde les bras dans des attitudes bizarres et les immobilise en raideur, sans que j'aie fait aucune suggestion verbale, c'est une preuve en général qu'il est très suggestible.

Les sujets qui ne sont pas cataleptisables dans leur état normal peuvent le devenir dans certaines maladies qui produisent une certaine torpeur cérébrale et diminuent son activité, dans la fièvre typhoïde, par exemple, dans la stupeur mélancolique, dans le sommeil hystérique, dans les psychoses qui concentrent et figent le cerveau avec aboulie. Cependant la possibilité de réaliser la catalepsie indique que le cerveau fonctionnel existe avec sa suggestibilité puisqu'il garde l'impression et fait un effort pour la maintenir. Aussi la cataleptibilité me sert aussi cliniquement à différencier le coma, le sommeil inconscient, la stupeur totale avec inertie cérébrale, d'avec la simple torpeur, d'avec le sommeil nerveux. Car, dans les états où le cerveau est fonctionnellement aboli, il n'y a pas de catalepsie, il y a résolution.

Voici par exemple un malade atteint de fièvre typhoïde avec simple inertie cérébrale sans stupeur profonde ; l'œil fixe, le masque impassible, hébété, il garde les attitudes imprimées à ses bras ; ses membres même deviennent rigides lorsqu'on les étend ou qu'on cherche à les fléchir, peut-être parce que le tonus musculaire, fonction spinale, s'exagère quand l'action cérébrale, modératrice des réflexes spinaux, est diminuée. Si l'adynamie cérébrale augmente, si la stupeur devient complète, si le cerveau est fonctionnellement annihilé ou bien s'il délire et reste étranger aux impressions du monde extérieur, dans ce cas, il n'y a plus de catalepsie. Celle-ci indique donc un certain degré d'activité cérébrale persistante.

2) CATALEPSIE SPONTANÉE.

Ces faits expérimentaux permettent, ce me semble, de mieux interpréter les observations de catalepsie spontanée ou pathologique. C'est toujours une émotion vive qui semble concentrer le sensorium et produire une torpeur cérébrale cataleptigène. Exemple : une fille de cinq ans, citée par Tissot[1], ayant été un jour vivement choquée de ce que sa sœur avait enlevé pendant le repas un morceau dont elle avait elle-même envie, devint raide tout d'un coup. La main qu'elle avait étendue sur le plat, avec sa cuiller, demeura dans cet état durant une heure.

Un militaire, dont parle Henri François[2], s'étant pris de querelle avec un de ses camarades, saisit une bouteille pour le frapper ; mais au même instant, son bras resta raide et immobile, l'œil ouvert, le regard furieux, le corps sans mouvement.

Fehr rapporte le cas d'un magistrat qui, injurié au milieu de son réquisitoire, demeura muet, la bouche ouverte, les yeux ouverts et, menaçant, les poings tendus vers son insulteur.

Puel fait mention de deux domestiques frappés de catalepsie, aux deux extrémités de la ville de Genève, pendant un orage au moment où venait d'éclater un violent coup de tonnerre.

Une femme citée par François Hoffmann était prise de catalepsie extatique, quand elle entendait un psaume ou un passage retraçant l'amour du Christ. Rondelet cite le fait d'un prêtre romain qui était pris en lisant l'Évangile quand il arrivait au *consummatum est*.

Jolly vit une dame pieuse qui tombait en catalepsie pendant la messe au moment de l'élévation.

Dans tous ces faits, on le voit, c'est une émotion vive qui, surprenant inopinément un sujet, absorbe toute l'activité cérébrale et immobilise le corps dans l'attitude où il est, et le fige en contracture, que l'initiative du sujet, même quand elle existe, ne peut plus rompre ; ce sont des crises d'hystérie émotive avec convulsion tonique (contracture). Quand, après le premier choc, le sujet reprend sa conscience, il trouve la contracture établie, qui peut persister par l'auto-suggestion émotive. Chez ces cataleptiques comme chez tous les hystériques, l'intelligence n'est pas abolie. Une dame de Vesoul, dont Levacher et Attalin [3] ont rapporté l'observation, entendait pendant les accès et reconnaissait les personnes à la voix. Une malade de Mesnet répondait aux questions qu'on lui adressait et entendait, à distance, le moindre bruit. Une dame, dont l'observation a été recueillie par Favrot [4], répondait par des signes de tête aux questions qu'on lui adressait ; après ses accès, elle rendait compte de ses sensations et elle disait : « Il m'était impossible de bouger, on aurait approché de moi un fer rouge que je n'aurais pas pu m'éloigner. »

Il est probable que dans ces cas de catalepsie spontanée émotive, comme dans la catalepsie expérimentale, la suggestion bien faite peut résoudre la contracture et restaurer la motilité. L'influence de la suggestion contre l'impotence fonctionnelle est déjà notée dans de vieilles observations. Faustus cite un malade qui, pendant l'accès, mangeait avidement les aliments qu'on plaçait dans sa bouche. Coelius Aurelianus rapporte des expériences dans lesquelles il a pu diriger à son gré le globe oculaire du malade. On cite des malades qui obéissaient aux ordres qu'on leur donnait verbalement. Ne nous arrive-t-il pas quelquefois, lorsqu'une émotion brusque nous surprend, d'être comme sidérés, pétrifiés ? *Vox faucibus haesit.* Rapidement, le choc se dissipe, et l'impotence cesse. Chez quelques-uns elle persiste plus ou moins longtemps par auto-suggestion ; c'est la catalepsie justiciable alors, je pense, de la psychothérapie suggestive.

3) CONTRACTURES ET MOUVEMENTS AUTOMATIQUES.

D'autres phénomènes moteurs que la suggestion peut réaliser sont de même ordre que l'attitude cataleptiforme.

Je prends le pouce d'un sujet ; je l'applique sur le bout de son nez ; je mets le pouce de l'autre main sur le petit doigt de la première, de manière à faire le pied de nez ; le sujet suggestible le maintient, la figure impassible. Souvent je le mets au défi d'enlever ses doigts qui sont, dis-je, comme collés au nez. Il fait des efforts infructueux, le pouce reste incrusté dans le nez, qui le suit, quand on veut le détacher ; ou s'il s'en détache par un effort violent il y revient aussitôt ; et cette position se maintient, jusqu'à ce que je lève la consigne suggestive.

Je ferme une main du sujet et je dis : « Vous ne pouvez plus l'ouvrir. » La main reste fermée en contracture plus ou moins irrésistible. J'ouvre la main et je dis : « Vous ne pouvez plus la fermer », le sujet la maintient en extension et résiste aux efforts que je fais pour fléchir ses doigts. Chez quelques-uns, il suffit, sans faire de suggestion verbale, que je tienne sa main ouverte ou fermée pendant un certain temps pour qu'il la maintienne spontanément dans l'attitude exprimée ; il a compris que l'acte que j'ai fait veut dire que sa main doit rester comme je l'ai mise. Ce sont là, on le voit, des *catalepsies rigides partielles* ; je produis de même la contracture complète d'un membre ou de plusieurs membres.

Au lieu de contracture, la suggestion peut produire des *mouvements automatiques :* Je lève les deux bras horizontalement, et je les tourne l'un autour de l'autre. Le sujet continue à les tourner l'un autour de l'autre ; c'est l'automatisme rotatoire. Le phénomène peut se produire ainsi spontanément, sans que je le commande, par la simple impulsion donnée. Chez d'autres, il ne se produit que si je dis : « Vos bras tournent, vous ne pouvez plus les arrêter. » Cet automatisme rotatoire est plus ou moins irrésistible. Quelques sujets arrivent à l'arrêter, si je les mets au défi. D'autres ne le peuvent ; ils essaient inutilement, rapprochent leurs bras, les frottent l'un contre l'autre, les arrêtent quelquefois un instant ; mais les membres entraînés par l'idée suggérée repartent de plus belle. Si j'arrête l'un des bras et que je le lâche de nouveau, il se remet à tourner autour de l'autre, comme un ressort automatique. On peut provoquer de même d'autres mouvements automatiques. Et ces expériences, ainsi que les suivantes, réussissent chez des sujets à l'état de veille parfaite, sans qu'ils aient jamais été endormis, sans qu'ils aient jamais assisté à des expériences de ce genre.

Ajoutons que ces expériences réussissent plus promptement et se perfectionnent par l'habitude chez les sujets qui y sont soumis plusieurs fois. Il suffit que je lève le bras pour que le sujet devine ce que je veux faire et lève spontanément l'autre pour faire l'automatisme rotatoire. Je mets un pouce sur le nez, il rapproche l'autre pouce et fait le pied de nez. L'idée fait l'acte.

4) PARALYSIES PSYCHIQUES. — SUGGESTIONS DIVERSES DE MOTILITÉ.

Je fais des mouvements et de la contracture. Je puis faire aussi de la paralysie par affirmation ; le sujet ne peut plus remuer ses bras, ni ses jambes ; c'est de la paralysie psychique expérimentale localisée à un membre, ou dans les quatre, au gré du suggestionneur. Les paralysies psychiques peuvent se réaliser spontanément par auto-suggestion. Un malade qui a eu par exemple une contusion du bras qui l'a immobilisé pendant un certain temps a l'idée que son bras est impotent et ne peut plus le remuer ou le remue faiblement. Un autre qui, à la suite d'une maladie prolongée, a les jambes faibles exagère cette faiblesse et la transforme en paraplégie complète ou incomplète. Ces paralysies suggérées expérimentalement ou spontanément n'ont pas d'ailleurs des caractères somatiques spéciaux, comme le pensait l'école de la Salpêtrière ; leurs caractères variables avec chacun sont ceux que l'opérateur ou l'imagination du sujet leur suggère ; elles sont complètes ou incomplètes, flaccides ou rigides, avec ou sans anesthésie, toujours justiciables de la psychothérapie. Tels sont les phénomènes moteurs de suggestion. Les sujets très dociles qui présentent cette suggestibilité spéciale, la plus fréquente, ressemblent à de vrais automates actionnés par la volonté de l'opérateur.

Je dis : « Levez-vous », il se lève, l'un le fait lentement, l'autre avec un peu d'hésitation ou seulement après des suggestions impératives répétées ; toutes les variantes existent. Je dis « Marchez », il marche. « Asseyez-vous », il s'assied.

Je dis : « Vous ne pouvez plus avancer », il reste comme cloué sur le sol. — « Vous pouvez marcher en arrière, pas en avant », il marche à reculons. — « Votre jambe droite est paralysée », il traîne cette jambe et marche bien avec l'autre. — « Vos jambes ne peuvent plus vous porter » il tombe comme paralysé. On peut multiplier les expériences à l'infini, faire des paralysies variées, de la contracture, du torticolis, de la claudication, du tremblement, des mouvements désordonnés, tous actes moteurs que le sujet réalise comme il les conçoit.

---

1. TISSOT : Œuvres complètes, t. II, chap. 21.
2. FRANÇOIS : *Recherches sur la catalepsie*. Thèse de Paris, an XI, n°537.
3. *Hist. acad. des Sciences*, ann. 1798, p. 40, 1740.
4. *De la catalepsie, de l'extase et de l'hysté*rie. Thèse de Paris, 1844.

CHAPITRE 4

PHÉNOMÈNES EXPÉRIMENTAUX DE SUGGESTION. — ANESTHÉSIES SENSITIVO-SENSORIELLES. — EXALTATION ET PERVERSION DES SENSIBILITÉS. — RÔLE DE LA SUGGESTION MÉDICALE INCONSCIENTE DANS LA PRODUCTION DE CES PHÉNOMÈNES. — RÔLE DE LA SUGGESTION MÉDICALE DANS LES ANESTHÉSIES.

1) ANESTHÉSIES SENSITIVO-SENSORIELLES SUGGÉRÉES.

La suggestion peut actionner la sensibilité, comme elle actionne la motilité. Elle peut l'annihiler et produire de l'anesthésie avec analgésie ; le sujet ne sent plus qu'on le touche ; il ne sent plus la douleur. Certains sujets paraissent anesthésiques par le fait de l'hypnose seule, sans suggestion spéciale ; c'est-à-dire que, quand par suggestion on peut leur donner l'apparence d'un sommeil profond, ils peuvent être insensibles et ne pas réagir par les piqûres. Cela prouve-t-il que le sommeil dit hypnotique, provoqué, soit un sommeil spécial, sommeil analgésique ? Cette analgésie n'existe pas toujours ; certains se réveillent ou témoignent de la douleur si on les pique avec une épingle. L'analgésie peut exister d'ailleurs dans le sommeil naturel. L'activité nerveuse des dormeurs est concentrée vers le sensorium ; l'esprit, absorbé par ses rêves, par sa vie d'imagination, est souvent indifférent et insensible aux impressions du monde extérieur, comme cela peut arriver dans tous les états de concentration psychique. Le soldat grisé par la chaleur du combat souvent ne constate la blessure reçue que par la vue du sang qui s'écoule. Archimède absorbé par la solution d'un problème reçoit sans le sentir le coup mortel. Certains aliénés se mutilent sans manifester aucune sensation. Certains extatiques souffrent le martyre avec autant d'analgésie que d'héroïsme. Il y a des dormeurs, dit A. Maury, dont le sommeil est si complet qu'on les touche, on les frappe même, sans les réveiller. Prévost, de Genève, a relaté l'exemple d'une personne de Genève à laquelle il brûla pendant le sommeil un callus du pied sans qu'elle s'en aperçût.

L'analgésie n'est donc pas une propriété spéciale du sommeil hypnotique.

Chez beaucoup de sujets endormis naturellement ou par suggestion, l'analgésie et l'anesthésie n'existent pas spontanément, mais peuvent être réalisées par suggestion, soit complètement, soit incomplètement. Chez les mêmes, on peut provoquer les mêmes phénomènes à l'état de veille, sans sommeil préalable. Voici un individu : je le pique avec une épingle ; il réagit vivement ; je débouche un flacon d'ammoniaque sous son nez ; il contracte ses narines et repousse le flacon. Alors je lui dis : « Vous ne sentez plus rien ; tout votre corps est insensible, je vous pique avec l'épingle, vous ne la sentirez pas ; je mets l'ammoniaque sous votre nez, vous ne percevrez rien. » Si la suggestion réussit, je puis traverser la peau avec l'épingle, l'électriser, enfoncer l'épingle dans le nez, le soumettre aux émanations d'ammoniaque ; il ne sourcille pas. Je puis produire chez lui des anesthésies sensorielles, de la cécité, de la surdité, de l'anosmie, de l'agueusie psychiques unilatérales, ou bilatérales ; et ces phénomènes provoqués sont très impressionnants.

D'autres ne sont pas susceptibles d'être analgésiés, bien qu'on puisse produire chez eux d'autres phénomènes de suggestion, par exemple de la contracture, de la paralysie et même des hallucinations. Chaque individu a ses suggestibilités spéciales.

2) RÔLE DE LA SUGGESTION MÉDICALE DANS LES ANESTHÉSIES SENSITIVO-SENSORIELLES.

Ce qui montre combien certaines personnes deviennent facilement anesthésiques par suggestion, c'est que les médecins font souvent cette anesthésie par suggestion inconsciente, rien qu'en la cherchant. Rien n'est plus intéressant à cet égard que l'histoire de l'hystérie. Dans tous les livres classiques, on décrit comme phénomène fréquent de l'hystérie l'hémianesthésie sensitivo-sensorielle. Une moitié latérale du corps, gauche ou droite, est dépourvue de sensibilité au toucher et à la douleur. Le malade ne sent pas qu'on le touche ou qu'on le pique de ce côté. Souvent en outre du même côté, l'œil ne voit pas, l'oreille n'entend pas, le goût et l'olfaction sont abolis.

Ce phénomène n'avait jamais été contesté, lorsque j'ai pu établir qu'il n'existe pas, ou est excessivement rare, mais qu'il est fabriqué de toutes pièces par le médecin, sans qu'il s'en doute. Le médecin qui croit que l'anesthésie existe, communique cette idée au sujet soit par la parole, soit par son exploration suggestive. Cela arrive infailliblement dans les services médicaux où plusieurs hystériques sont réunis, subissent les mêmes recherches, se copient et se suggèrent les mêmes symptômes. Avec quelle facilité, le médecin est exposé à créer cette hémianesthésie ; voici ce qui le démontre. Je connaissais bien la suggestion et cependant jusqu'il y a une quinzaine d'années, je faisais encore à mes hystériques de la suggestion, à mon insu. Dans la plupart de mes observations publiées dans mon livre *De la suggestion et de ses applications à la thérapeutique* (1886) et encore dans la 1ère édition de mon livre *Hypnotisme, Suggestion, Psychothérapie* (1891) l'hémianesthésie sensitivo-sensorielle est notée. Depuis cette époque, je ne la retrouve plus ; dans près de 100 observations recueillies dans mon service publiées dans la thèse du docteur Amselle[1], elle n'a pas été constatée une seule fois. Il m'a donc fallu un temps assez long pour apprendre à éviter dans mon exploration tout ce qui peut donner l'idée de ce symptôme, à l'existence duquel je croyais autrefois et je trahissais, comme tous les médecins, mon idée préconçue en cherchant à la vérifier.

Ce n'est pas seulement chez les hystériques qu'on est exposé à créer cette anesthésie, mais chez beaucoup de sujets impressionnables, qui ne sont ni hystériques ni neurasthéniques. Les anesthésies psychiques sont longuement étudiées dans la thèse de mon élève, le docteur Paul Blum[2]. Nous reviendrons sur leur mécanisme.

3) SENSIBILITÉS EXALTÉES OU PERVERTIES PAR SUGGESTION EXPÉRIMENTALE. SUGGESTION MÉDICALE INCONSCIENTE.

Les sensibilités peuvent aussi être exaltées ou perverties. On peut suggérer une douleur lancinante, une sensation de brûlure, de démangeaison, de colique, de céphalée, etc. Et l'on sait combien, en clinique, ces douleurs auto-suggestives sont quelquefois difficiles à différencier d'avec les douleurs organiques d'autant plus qu'elles peuvent être l'exagération ou la continuation psychique d'une sensation réelle. Un enfant eut une excoriation douloureuse à l'ombilic ; l'excoriation guérie, la douleur survivait encore un an après, et l'attouchement de la région sensible faisait crier l'enfant qui fut guéri presque instantanément par la suggestion. Une légère sensibilité à la jambe peut être transformée par un sensorium impressionnable en une hyperesthésie excessivement douloureuse.

Les médecins, par suggestion inconsciente due à l'exploration des sujets, de même qu'ils créent de l'anesthésie, créent encore plus facilement des douleurs. On décrit, dans les livres classiques, des régions ou des points douloureux qui suffiraient à signer le diagnostic de certaines maladies ; le point de Mac-Burney serait caractéristique de l'appendicite ; la douleur ovarique ou salpingitique, de l'ovarite et de la salpingite ; les points xiphoïdiens, au creux épigastrique, et le point rachidien correspondant seraient symptômes de l'ulcère rond de l'estomac ; certaines douleurs vers le rebord costal droit et sur le cou répondant au trajet du nerf phrénique, points nettement délimités dans les livres, répondraient à la pleurésie diaphragmatique ; la douleur iliaque droite serait un des signes de la fièvre typhoïde.

Or j'ai pu constater que, dans l'ulcère rond de l'estomac et dans la fièvre typhoïde, le plus souvent ces douleurs n'existent pas. Sans doute toute pression au creux de l'estomac, et dans la fosse iliaque droite, donne de la sensibilité, mais cette sensibilité n'est pas plus vive chez les sujets atteints d'ulcère rond ou de fièvre typhoïde que chez d'autres qui n'ont pas ces maladies. Si on appelle sur ce symptôme l'attention du sujet, on le précise et on l'exagère, si bien que le médecin qui attache une importance à ces symptômes est dupe d'une douleur vive nettement localisée qu'il a lui-même suggérée par son exploration. Dans l'appendicite, la salpingite, l'ovarite, il peut y avoir douleur dans la région correspondante, mais cette douleur est diffuse. C'est le médecin qui par son exploration peut l'exagérer et en tout cas lui suggérer une topographie précise localisée en un point déterminé. J'ai vu nombre d'appendicites opérées à la faveur du point de Mac-Burney bien constaté, parce que créé par le médecin, et qui n'étaient que des pseudo-appendicites. Mes fiévreux typhoïdes n'ont pas de sensibilité dans la fosse iliaque droite. Je n'ai jamais constaté les localisations douloureuses bien spéciales dans la pleurésie diaphragmatique, mais j'ai souvent pu les créer chez des sujets impressionnables qui n'avaient pas cette maladie. J'insiste sur cette facilité chez beaucoup de sujets à créer par auto-suggestion ou par suggestion médicale inconsciente des manifestations douloureuses qui se précisent avec une réalité parfaite, parce que la méconnaissance de cette vérité est féconde en erreurs de diagnostic ; et ces erreurs peuvent entraîner des thérapeutiques désastreuses.

---

1. AMSELLE, *Conception de l'hystérie*, Thèse de Nancy, 1907.
2. *Des anesthésies nerveuses, psychiques ou hystériques*, Nancy, 1906.

CHAPITRE 5

PHÉNOMÈNES DE SUGGESTION. — ABERRATIONS SENSORIELLES. — ILLUSIONS ET HALLUCINATIONS. — HALLUCINATIONS ACTIVES OU PASSIVES. — HALLUCINATIONS NÉGATIVES. — CÉCITÉ ET SURDITÉ PSYCHIQUES.

1) ILLUSIONS ET HALLUCINATIONS SUGGÉRÉES.

La suggestion peut provoquer les aberrations sensorielles ; c'est-à-dire des illusions et des hallucinations. Ces phénomènes n'ont rien d'extraordinaire, puisqu'ils se produisent spontanément dans le sommeil, et même à l'état de veille chez nous tous, quand, repliés sur nous-mêmes, distraits du monde extérieur, étrangers à ce qui se passe autour de nous, concentrés sur nos pensées, nous voyons les personnes auxquelles nous pensons, les objets, villes, paysages que notre imagination évoque, nous rêvons une vie intérieure que nos sens extériorisent comme une réalité ; et si un ami nous interpelle brusquement pendant cette fantasmagorie rêveuse, toute cette hallucination s'efface et nous revenons à la réalité.

L'*illusion* est une image sensorielle transformée. Je suggère à quelqu'un de boire ce verre de vin qui est en réalité de l'eau ; il voit le vin rouge et le trouve bon ; j'ai fait une illusion visuelle et gustative.

L'*hallucination* est une image sensorielle créée de toutes pièces.

Je suggère à quelqu'un qu'il a devant lui un verre de vin, alors qu'il n'y a rien ; il voit le verre ; c'est une hallucination visuelle ; il le sent dans sa main ; c'est une hallucination tactile ; il lui trouve une odeur agréable ; c'est une hallucination olfactive ; il sent une impression exquise sur le pharynx et l'estomac ; c'est une hallucination de sensibilité de la muqueuse pharyngée et gastrique. J'ai donc créé une hallucination complexe, avec réactions corrélatives : réaction motrice, préhension, déglutition ; réaction émotive, sensation de bien-être, excitation gaie et même griserie. L'image hallucinatoire est évoquée chez les divers sujets avec plus ou moins de netteté. Chez beaucoup elle ne se dessine pas. Tel ne voit pas distinctement, il croit avoir vu, il lui semble qu'il a bu du vin ; tel autre voit et sent le verre fictif, il le porte à la bouche, mais sans faire le geste de déglutition ; tel autre fait ce geste incomplètement, mais ne trouve aucun goût. Entre la perception très nette, l'image nette comme la réalité et l'impression vague, indécise, toutes les nuances existent ; il en est de même dans le sommeil naturel, dont les rêves sont variables d'éclat.

2) HALLUCINATIONS ACTIVES ET PASSIVES.

Comme dans le sommeil aussi, l'hallucination suggérée et les actes corrélatifs peuvent être *actifs* ou *passifs*.

Voici un sujet qui dort et rêve ; il se promène dans un bois désert, il est assailli par des brigands qui lui demandent la bourse ou la vie ; ils le dépouillent, l'attachent à un arbre, etc. ; et pendant tout ce drame, il reste immobile dans son lit, sa figure ne reflète aucune émotion, sa respiration n'est pas haletante, son pouls ne s'accélère pas ; il se réveille sans angoisse ; son *rêve a été passif* ; il a assisté à ce drame comme si c'était un autre lui-même qui en était la victime ; il n'était pas identifié avec son rêve.

Tel autre *vit son rêve et en subit l'émotion*, tout en restant immobile dans son lit, mais sa figure devient anxieuse, son pouls se précipite, et sa respiration est pénible ; et quand il se réveille, il est heureux d'être délivré de ce cauchemar. Tel autre vit son rêve, de corps et d'esprit ; non seulement il témoigne l'anxiété, mais il se lève, crie, pleure, se sauve, répond aux questions ; il mime et met son rêve en action, comme si c'était arrivé, c'est du *somnambulisme* ; c'est une *hallucination active*, avec actes corrélatifs actifs.

Ainsi en est-il aussi de l'hallucination suggérée, soit à l'état de veille, soit pendant le sommeil provoqué. Je suggère à un sujet très suggestible : « Vous êtes à Paris. Vous vous promenez sur le boulevard. Un ami vous rencontre et vous offre un bock au café ; vous en offrez un autre, etc. » Le sujet suggestionné reste immobile sur sa chaise, comme endormi ou concentré en lui-même. Après un certain temps, je l'interpelle ; il semble sortir d'un rêve et me raconte ce qui s'est passé, croyant que c'est arrivé. Cependant il a assisté à cette scène que son imagination a évoquée, sans participation active. Il a cru aller, parler, boire, alors qu'il était immobile sur sa chaise, comme le rêveur passif. C'est une hallucination passive.

Je puis chez quelques-uns activer le même rêve en disant : « Levez-vous. Vous êtes à Paris. Voici un ami ; il vous parle, répondez-lui, etc. » Si c'est un sujet susceptible de somnambulisme il pourra mettre ce rêve provoqué en action, mimer la scène comme si elle était réelle, comme un somnambule spontané. Ce sera une *hallucination active* vivante, *avec les actes corrélatifs* : ce sera un *somnambulisme artificiel*.

L'individualité de chacun intervient sur la façon dont les hallucinations s'accomplissent comme pour tous les autres phénomènes de suggestion qui se perfectionnent aussi par l'éducation. Certains qui ont l'imagination peu développée ne peuvent réaliser ou réalisent imparfaitement ; l'image est douteuse, nébuleuse ; c'est un rêve effacé. D'autres qui ont la représentation mentale vive, voient, sentent, entendent comme la réalité. De même pour ce qui est des actes : certains sujets torpides, sans grande activité physique, restent inertes, passifs ; ils ne peuvent pas mettre en œuvre leurs conceptions imaginaires suggérées ; il faut les animer, leur suggérer de se lever, de parler, de marcher, pour les amener à mettre leur rêve en action ; et tous ne le peuvent pas. D'autres obéissent d'emblée ou spontanément, jouent la scène qui se déroule dans leur imagination, avec un entrain, une mimique, une volubilité comme si c'était arrivé. La suggestion ne réalise pas ce qu'elle veut, elle réalise ce que le psychisme actionné peut réaliser. Chaque sujet imprime le cachet de son individualité à sa vie imaginative. Figurez-vous un rôle de comédie que vous faites jouer à plusieurs personnes ; chacun le jouera à sa façon, avec plus ou moins de vigueur et de vérité. On le voit : le somnambule naturel ou artificiel est un sujet qui réalise son rêve et le met en action ; c'est un rêveur actif. Pour justifier cette définition, je relaterai plus loin quelques exemples de somnambulisme provoqué.

3) HALLUCINATIONS NÉGATIVES.

Les hallucinations peuvent être *négatives*. J'appelle ainsi l'effacement par l'esprit d'une image psychique réelle ou de plusieurs images. Je suggère à un sujet hallucinable qu'il ne verrait pas un objet, par exemple une carafe placée devant lui : il ne la voit pas ; les autres objets sont visibles pour lui. Je lui suggère qu'il ne me voit pas ; il ne me voit plus, mais peut m'entendre et sentir ma main ; souvent, logiquement ne me voyant pas, il est convaincu que je n'y suis pas et se suggère à lui-même qu'il ne m'entend, ni ne me sent. Alors je l'interroge, je lui crie dans l'oreille ; il ne répond pas ; je le pince, je le pique, je mets une épingle dans la narine ou près de sa cornée, il ne sourcille pas. Je donne l'épingle à une autre personne qui le pique ou l'applique contre la cornée ; il crie et se retire vivement. Si c'est une femme, je relève ses jupes et sa chemise, et elle peut continuer à causer tranquillement avec les autres personnes comme si de rien n'était. À une jeune fille honnête, je dis que je l'ai rencontrée dans une tenue plus que légère, ou je dis des choses qui provoquent un rire général ; la figure du sujet reste impassible. Tout ce qui émane de moi paraît n'être pas perçu par lui. Je ne connais rien de plus impressionnant que cette expérience que j'ai répétée avec succès chez beaucoup de sujets très suggestibles et hallucinables.

D'ailleurs dans toutes les hallucinations complexes, telles que nous les réalisons expérimentalement, telles qu'elles se développent spontanément, des images positives sont neutralisées. Le sujet auquel je fais voir par exemple une grande plaine remplie de monde, avec des ballons et des aéroplanes, effacera les objets existants, c'est-à-dire les perceptions sensorielles réelles pour leur substituer les images nouvelles fictives. De même le sujet devant lequel je me rends invisible, verra à la place occupée par moi, un objet de la chambre, tapisserie, chaise, meuble, que son imagination lui suggère pour combler mon vide virtuel.

4) ANESTHÉSIES SENSORIELLES ET SENSITIVES PSYCHIQUES.

Les anesthésies sensitives ou sensorielles suggérées, la *cécité et la surdité psychiques* ne sont que des *illusions négatives ;* il est facile de le démontrer.

Voici, par exemple, un sujet auquel j'ai suggéré une cécité de l'œil gauche. L'autre œil fermé, il paraît aveugle. Or, cette cécité n'est qu'une illusion, une neutralisation par l'imagination des objets perçus ; elle n'a pas de cause organique. Le sujet voit avec sa rétine ; il voit avec les yeux du corps ; il ne voit pas avec les yeux de l'esprit. Ainsi en est-il aussi de l'amaurose unilatérale spontanée, dite hystérique, ou nerveuse.

Une simple expérience le démontre :

Voici un sujet rendu aveugle de l'œil gauche. Le droit fermé, il ne voit pas. Or on sait qu'un prisme placé devant un œil dévie l'image correspondante et produit ainsi de la diplopie. Si l'autre œil est fermé, ou ne voit pas, il n'y a pas de diplopie, car il n'y a qu'une seule image.

Le sujet atteint d'amaurose unilatérale psychique suggérée ou nerveuse spontanée ne devrait voir qu'une seule image à travers le prisme, si l'amaurose était réelle. Or il en voit deux, sans hésitation ; et ces deux images, également distinctes, correspondent à la position qu'on donne au prisme. L'œil qui est censé ne pas voir fournit donc une image, lorsque le sujet, désorienté par cette expérience, et ne connaissant pas la théorie du prisme, ne fait pas inhibition ; son esprit trompé n'efface pas alors l'image perçue. L'appareil de Snellen est confirmatif. On place devant les yeux du sujet une paire de lunettes dont l'un des verres est rouge et l'autre vert ; et on lui fait lire sur un cadre noir six lettres recouvertes de carrés de verres alternativement rouges et verts. En regardant, les deux yeux ouverts, on lit les six lettres. En regardant avec un seul œil, l'autre étant fermé, on n'en voit que trois, celles recouvertes par le verre à même couleur que celle du verre correspondant à l'œil qui regarde, les lettres rouges, si c'est l'œil à verre rouge qui regarde, les lettres vertes, si c'est l'œil à verre vert. Cela résulte de ce que le vert et le rouge mélangés font du noir ; si avec un verre rouge on regarde du vert par transparence, on verra du noir. Cela posé, nos sujets atteints de cécité psychique unilatérale regardant à travers ces lunettes les six lettres, les lisent toutes, sans hésiter un instant ; ils lisent celles qu'ils sont censés ne pas voir. Donc l'œil soi-disant aveugle voit. Si on leur ferme alors cet œil, les sujets ne voient plus que trois lettres.

La surdité psychique est aussi une simple illusion. Je suggère au sujet de ne plus m'entendre. Je lui parle et crie dans les oreilles, il reste inerte et n'entend pas. Si alors je dis : « Vous m'entendrez de nouveau », il me répond. J'ai beau lui dire : « Vous m'avez bien entendu vous dire que vous alliez entendre de nouveau, donc vous n'étiez pas sourd. » Il est convaincu qu'il n'a rien entendu et ne sait comment l'ouïe est revenue. Je répète l'expérience plusieurs fois sur lui avec le même résultat. Un simulateur vrai ne se laisserait pas dépister avec cette ingénuité. Le sourd par suggestion entend, comme l'aveugle par suggestion voit ; mais il neutralise à chaque instant l'impression perçue et se fait accroire qu'il n'a pas entendu.

On peut par des expériences analogues démontrer que les anesthésies gustative et olfactive sont de même nature. Voici, par exemple, un sujet affecté d'anesthésie olfactive gauche. On introduit une épingle dans la fosse nasale de ce côté, ou du vinaigre ; rien n'est senti, ni perçu. À droite la sensibilité existe. Si alors je pousse le pinceau trempé dans le vinaigre, en arrière jusqu'au pharynx, de façon que les émanations arrivent dans la fosse nasale droite qui doit sentir, le sujet, ne comprenant pas cette manœuvre, inhibe aussi la sensation à droite et ne sent pas le goût du vinaigre ; c'est donc une inhibition psychique.

De même, si je mets du sel du côté gauche de la langue rendu anesthésique, il n'est pas perçu. Alors, sans que le sujet s'en doute, et ayant l'air de constater simplement l'insensibilité du côté gauche de la langue, j'étends le sel sur le côté droit, le sujet continue à ne rien percevoir : c'est donc encore l'imagination qui fait tout.

Il en est de même de l'anesthésie tactile. Un grand nombre d'expériences le démontre. Voici par exemple un sujet qui a une anesthésie totale de la main, psychique, suggérée ou spontanée. Je marque avec un crayon coloré la ligne de démarcation précise au poignet entre l'anesthésie et la sensibilité normale. Au-dessous de cette ligne, la piqûre d'épingle n'est pas sentie, au-dessus elle l'est, cela est bien précis. Or, si je ferme les yeux du sujet et si je répète l'expérience, sans qu'il voie la ligne colorée, je constate que la démarcation n'est plus précise ; à chaque exploration elle se modifie. Si les yeux du sujet étant fermés, sans qu'il s'en doute, je recule la ligne de deux centimètres sur l'avant-bras, et qu'alors les yeux du sujet étant ouverts, j'explore de nouveau avec l'épingle je constate que la nouvelle frontière entre les deux zones correspond à la nouvelle ligne ; le sujet est tombé dans le piège.

La main gauche étant anesthésique, la main droite ayant conservé sa sensibilité normale, j'enchevêtre les doigts d'une main avec ceux de l'autre, et alors avec une épingle, je pique alternativement, sans régularité, les doigts de l'une ou de l'autre main, sensibles et non sensibles ; si l'anesthésie est réelle, le sujet devrait dire exactement le nombre des sensations perçues. Or, comme dans cet enchevêtrement de doigts, il ne différencie pas nettement les piqûres faites du côté gauche ou droit, il se trompe toujours et ne peut apprécier le nombre des coups d'épingle perçus.

Voici une autre expérience curieuse et démonstrative. L'anesthésique d'un membre, gauche, par exemple, peut avoir la perte de la notion de la position du membre. Je tiens ses yeux clos et mets son bras en l'air, il ne sait pas où est sa main gauche, si elle est couchée, ou si elle est en l'air. Invité à la chercher avec la main droite, il ne la trouve pas, ou la trouve difficilement en suivant la poitrine et la racine du membre jusqu'à la main. Si je mets, sur le chemin de la main qui cherche, ma propre main, il la prend, croyant que c'est la sienne. Souvent il y a plus. Non seulement la main sensible ne trouve pas la main insensible, mais elle évite de la trouver, elle la fuit, comme si actionnée par l'idée qu'elle ne doit pas savoir où elle est, alors que cependant elle pourrait la sentir. Et ceci arrive dans l'anesthésie psychique nerveuse spontanée comme dans celle que nous provoquons. C'est d'une ingénuité naïve inconsciente.

Alors je dis que je magnétise la main gauche insensible, et je fais un simulacre d'aimantation ; j'ajoute : « Maintenant la main droite va être attirée par la main gauche qui ne sent pas, mais qui agit comme un aimant. » Le sujet manque rarement de tomber dans ce piège. Soit immédiatement s'il a bien compris, soit avec un peu d'insistance, s'il est d'abord hésitant, la main gauche finit par aller spontanément vers la main droite, montrant ainsi que le sujet la sent et la dirige, que la notion du sens musculaire, comme celle du sens tactile, est conservée, qu'elle était simplement neutralisée par une illusion négative.

Ainsi en est-il aussi de la grande hallucination négative totale, que j'ai faite, quand j'ai suggéré l'escamotage psychique de ma personne. Le sujet qui ne m'a ni vu ni entendu, qui se laissait enfoncer des épingles, soulever la jupe, injurier sans protester, était dominé par une pure illusion. La preuve, c'est que je puis réveiller tous les souvenirs, comme on le peut toujours, même quand le sujet, ayant eu l'apparence d'un sommeil profond, semble avoir perdu tous les souvenirs des expériences faites ; nous reviendrons sur cette amnésie. Si je dis au sujet en appuyant ma main sur son front pour concentrer son esprit « Vous allez vous rappeler tout ce que je vous ai dit, tout ce que je vous ai fait, pendant que je n'y étais pas », il commence par dire : « Mais je ne puis rien me rappeler, vous n'étiez pas là. » J'insiste en fixant son attention et lui fermant les yeux, affirmant qu'il doit tout de même se souvenir de quelque chose. Après peu de temps, les souvenirs reviennent, à son grand étonnement comme ceux d'un rêve momentanément effacé, non éteint : « Vous m'avez mis une épingle dans le nez ; vous l'avez placée devant mon œil. » — « Et puis, qu'est-ce que je vous ai dit ? » — « Vous m'avez dit que j'étais une mauvaise fille. » — « Et puis » qu'est-ce que je vous ai fait encore ? » — « Vous m'avez soulevé ma chemise. » Elle rougit et ajoute : « Je ne me serais pas laissé faire. ».

Cette expérience saisissante répétée sur divers sujets montre bien qu'en réalité ils voient, sentent, entendent ; mais l'esprit actionné par l'idée semble effacer par une amnésie superposée immédiate toutes les perceptions émanant de moi.

CHAPITRE 6

PHÉNOMÈNES DE SUGGESTION. — HALLUCINATIONS RÉTROACTIVES. — SOUVENIRS FICTIFS PAR SUGGESTION. — FAUX TÉMOIGNAGES DANS LES AFFAIRES JUDICIAIRES, FAITS DE BONNE FOI. — CONCLUSIONS PRATIQUES.

1) HALLUCINATIONS RÉTROACTIVES.

Je puis créer des hallucinations rétroactives, et j'insiste un peu sur ce phénomène, en raison de son importance, surtout médico-légale. J'appelle de ce nom les souvenirs illusoires de faits qui n'ont jamais existé et que je puis suggérer à beaucoup de sujets très suggestibles, très hallucinables.

Voici par exemple une de mes clientes dont je connaissais la suggestibilité, à laquelle, sans l'endormir, je dis un jour : « Vous êtes allée hier goûter chez le pâtissier de la rue des Dominicains. Vous avez pris un gâteau. Pendant que vous causiez, un chien est venu et vous l'a enlevé, etc. » La cliente écoute, étonnée ; puis après un court instant de concentration, elle me dit « Comment le savez-vous ? » — « Je suis passé devant la boutique. » Et je lui fais raconter la scène dans tous ses détails, les personnes qu'elle a rencontrées, la conversation qu'elle a eue, le genre de gâteaux qu'elle a acheté, dont elle avait avalé la moitié, le petit fox blanc qui a sauté sur elle pour lui enlever l'autre moitié, les excuses de la maîtresse du chien qui lui a offert un autre gâteau. Elle y ajoute de son propre cru, continuant à se suggestionner elle-même ; elle revoit la scène et croit que c'est arrivé. Ainsi certains menteurs de bonne foi, quelquefois partis d'un point de départ vrai, grossissent, ajoutent, modifient au gré de leur imagination, dupes eux-mêmes de leur mensonge. Mes premières expériences de ce genre ont été faites, il y a plus de vingt-cinq ans, sur des somnambules endormies, alors que je croyais encore le sommeil provoqué nécessaire pour créer des hallucinations.

À une de mes somnambules de la clinique, femme très intelligente, je dis dans le sommeil provoqué : « Vous vous êtes levée cette nuit. » Elle dit non. J'insiste : « Vous vous êtes levée quatre fois cette nuit pour aller à la selle ; et la quatrième fois vous êtes tombée sur le nez. Vous vous souviendrez de cela au réveil. » À son réveil, en effet, elle me raconte cela ; j'ai beau lui dire qu'elle a rêvé et qu'aucune malade ne l'a vue se lever ; elle est convaincue que ce n'est pas un rêve, que c'est la réalité.

Un autre jour pendant son sommeil, je lui demande dans quelle maison elle habite et quels sont ses colocataires. Elle me dit entre autres que le premier étage est habité par une famille, parents, plusieurs petites filles et un vieux garçon restant chez eux. Alors je lui dis ce qui suit : « Le 3 août, il y a quatre mois et demi, à 3 heures de l'après-midi, vous rentriez chez vous. Arrivée au premier étage, vous avez entendu des cris sortant d'une chambre ; vous avez regardé par le trou de la serrure ; vous avez vu le vieux garçon commettant un viol sur la plus jeune fille ; vous l'avez vu ; la petite fille se débattait ; il avait mis un bâillon sur sa bouche ; vous avez été tellement saisie que vous êtes rentrée chez vous et que vous n'avez rien osé dire. Si la justice vient faire une enquête sur le crime, vous direz la vérité. » À son réveil, je ne lui parle plus de ce fait. Trois jours après je prie mon ami, maître Grillon, d'interroger cette femme comme s'il était juge d'instruction. En mon absence elle lui a conté les faits dans tous leurs détails, avec les noms de la victime, du criminel, l'heure exacte du crime. M'étant approché de son lit après la déposition, elle le répéta devant moi. Je lui demandai si c'était bien la vérité, si elle n'avait pas rêvé, si ce n'était pas une suggestion comme celles que j'avais l'habitude de lui faire, je l'engageai à se défier d'elle-même. Elle maintint son témoignage, prête à l'affirmer sous serment. Cela fait, je l'endormis de nouveau pour effacer cette suggestion ; je le ferais aujourd'hui sans l'endormir : « Tout ce que vous avez dit au juge d'instruction n'est pas ; vous n'avez rien vu le 3 août. Vous ne vous rappelez même pas que vous avez vu le juge d'instruction ; vous ne l'avez pas vu. » À son réveil, je dis : « Qu'avez-vous dit à Monsieur tantôt ? » — « Je n'ai rien dit ! » — « Comment, vous n'avez rien dit ? » réplique le magistrat. « Vous m'avez parlé d'un crime qui a eu lieu le 3 août dans votre maison ; vous avez vu le nommé X..., etc. » La pauvre femme reste interdite. Je dus l'endormir de nouveau et passer l'éponge sur cette scène dramatique. À son nouveau réveil, le souvenir de tout semblait effacé sans retour ; si bien que le lendemain, conversant avec elle sur les gens de sa maison, elle m'en parla naturellement comme si jamais il n'en avait été question entre nous.

On voit que ces souvenirs fictifs peuvent donner lieu à de faux témoignages faits de bonne foi. Et ces faux témoignages peuvent même être collectifs ; le souvenir fictif peut se transmettre par contagion surtout chez les enfants.

À l'appui de cette assertion, voici une expérience : Un jeune homme, compositeur d'imprimerie, assez intelligent, laborieux, honnête, était dans mon service pour une sciatique ; il était très suggestible et hallucinable. Un jour, en présence d'un de mes collègues je lui dis : « Vous voyez ce Monsieur : hier, dans la rue, vous l'avez rencontré, causant avec plusieurs personnes ; il s'est approché de vous, vous a donné des coups de canne et a pris l'argent qui était dans votre poche. Racontez-moi comment cela s'est passé. »

Le jeune homme raconta immédiatement : « Hier, à 3 heures, je traversais la place de l'Académie. J'ai vu Monsieur causant à haute voix avec plusieurs personnes. Tout à coup, je ne sais pourquoi, il vient à moi, me donne des coups de canne, met sa main dans ma poche et me prend mon argent. » — « Est-ce bien vrai ? Lui dis-je. C'est moi qui viens de vous le suggérer. » — « C'est parfaitement vrai. Ce n'est pas une suggestion. » — « Quelle est votre profession ? » lui dis-je — « Je travaille à l'imprimerie Berger-Levrault, j'ai composé pour la *Revue médicale de l'Est*. » — « Eh bien, savez-vous quel est ce Monsieur ? » — « Non, je ne le connais pas. » — « C'est le docteur S..., le rédacteur en chef de la *Revue médicale de l'Est*. Vous n'allez pas me soutenir qu'un docteur comme Monsieur a battu et volé sans cause un pauvre garçon comme vous. » — « C'est vrai, je ne sais pas pourquoi, mais je ne peux pas dire le contraire, puisque c'est vrai. » — « Voyons, vous êtes un honnête garçon, vous avez de la religion ? » — « Oui, Monsieur. » — « On n'accuse pas quelqu'un sans être absolument sûr de son fait. Si le commissaire de police vient vous interroger, que direz-vous ? » — « Je dirai la vérité. Il m'a donné des coups de canne et pris mon argent. » — « Et vous jureriez ? Êtes-vous assez sûr de vous, pour jurer ? Faites attention. C'est peut-être une simple illusion, un rêve ? » — « Je le jurerais devant le Christ. » — « C'est peut-être quelqu'un qui ressemble à Monsieur. » — « C'est Monsieur ; je suis absolument sûr. »

Pendant cette conversation se trouvaient à côté de nous trois enfants.

L'un, âgé de quatorze ans, tuberculeux, intelligent, instruit, honnête, très suggestible. Je dis à cet enfant : « Tu as entendu ce jeune homme te raconter cela ce matin. » Sans hésiter, il répond : « Oui, Monsieur. » — « Qu'est-ce qu'il t'a raconté ? — « Qu'un Monsieur l'avait battu et lui avait volé son argent. » — « Où cela ? » lui dis-je. — « À l'hôpital. » — « Mais non, il vient de nous dire que c'est place de l'Académie. Donc tu ne sais rien, il ne t'a rien dit. » — L'enfant, sans se déconcerter : «Je ne me rappelle pas où cela s'est passé, mais il m'a raconté qu'il avait été battu et volé. » — « Quand est-ce qu'il t'a raconté cela ? » — « Ce matin, 7 heures et demie. » — « Allons, lui dis-je, il ne faut pas me dire des choses qui ne sont pas, » et je fais semblant de me fâcher : « Monsieur ne t'a rien dit ; c'est moi qui te le fais dire. Tu es un honnête garçon. » Il ne faut pas inventer par complaisance. » — « Monsieur, je vous assure qu'il me l'a raconté ce matin. » — « Si le commissaire de police te le demande, que diras-tu ? » — « Je dirai ce qu'il m'a raconté. » — « Tu jureras ? » — «Je le jurerai. ».

Un second enfant, âgé de quatorze ans, atteint de paralysie infantile est à côté, assez intelligent ; il lit et écrit correctement et n'a pas de manifestation nerveuse. — « Tu étais là, lui dis-je, quand ton camarade a raconté qu'il a été battu et volé ? » — Sans hésiter « Oui, Monsieur. » — « Quand a-t-il raconté cela ? » — « Ce matin à 7 heures et demie. » — « Voyons ! Il ne faut pas répéter cela comme un perroquet parce que tu viens de l'entendre dire maintenant. L'as-tu entendu de la bouche de ce jeune homme ce matin ? » — « Oui, Monsieur, ce matin à 7 heures et demie. » — « Tu le jures ? » — «Je le jure. »

Enfin dans le lit voisin est un enfant de neuf ans, convalescent de pleurésie, sans tare nerveuse, suggestible. — « Tu l'as entendu aussi ? » lui dis-je. Il hésite : — «Je ne me rappelle pas bien. » — J'insiste : — « Rappelle-toi bien ; il l'a raconté devant toi ce matin. N'aie pas peur. Tu peux le dire, si tu le sais. » — Il se recueille quelques instants, puis affirme — « C'est vrai, je l'ai entendu. » — « Quand ? » — « Ce matin, à 7 heures et demie. » — « Quoi ? » — « Qu'un Monsieur l'avait battu et lui avait volé son argent. » — « Es-tu bien sûr que tu l'as entendu raconter ? Tout à l'heure, tu ne te rappelais pas. Il ne faut pas le dire, si tu n'es pas sûr. Tu l'as entendu raconter à l'instant même devant moi, mais pas ce matin à 7 heures et demie. » — « Si monsieur, je suis parfaitement sûr. »

Le lendemain le jeune imprimeur quitte l'hôpital. Avant son départ, je le fais venir dans mon cabinet ; et là, seul avec lui, je lui dis : « Voyons, mon ami, dites-moi la vérité : Vous avez accusé hier le docteur de vous avoir battu et volé. Avouez que vous avez voulu vous amuser. Vous avez cru me faire plaisir en ayant l'air de croire ce que je vous disais. Maintenant que nous sommes seuls, dites-moi qu'il n'en est rien. » Il me répond « Je vous jure que c'est vrai. Je passais place de l'Académie, il s'est approché de moi avec sa canne, m'a donné des coups et pris l'argent de ma poche. Je n'avais pas d'argent, mais dix sous de monnaie. Je ne les ai plus. » — « Pourquoi un médecin prendrait-il quelques sous à un pauvre garçon ? Ce n'est pas croyable. » — « Je ne sais pas pourquoi, mais il me les a pris. ».

Voici une expérience du même genre sur un adulte. Il s'agit d'un simple tuberculeux âgé de trente-sept ans, suggestible, sans phénomènes nerveux. Mon regretté collègue V. Parisot étant au service, je dis à cet homme : « Vous connaissez bien Monsieur. » — « Non, Monsieur. » — « Êtes-vous sorti hier dimanche ? » — « Oui, Monsieur. » — « Eh bien ! Rappelez-vous. Vous avez rencontré Monsieur, et comme vous l'avez coudoyé en passant tout près de lui, il vous a donné un coup de canne. Vous vous rappelez bien ? » — Après quelques instants : « Ah oui, me dit-il, c'était dans la rue Jean-Lamour, je rentrais chez moi, Monsieur m'a donné un coup de canne qui m'a fait très mal. » — « Êtes-vous bien sûr ? C'est moi qui vous l'ai fait dire. » — « C'est parfaitement vrai. C'est bien Monsieur. » — « C'est une suggestion, un rêve que je vous ai donné. » — « Mais non, Monsieur, c'est bien vrai. J'ai bien senti la douleur à la jambe et je la sens encore. » Et il persiste dans son affirmation. Dans la même salle, en face de lui est un malade, âgé de trente-quatre ans, atteint d'insuffisance mitrale, sans trouble nerveux, très suggestible. Je l'interpelle à distance : « Est-ce vrai, lui dis-jet que V... vous a raconté cela hier soir. » — Sans hésiter : « Oui, Monsieur, hier soir, en rentrant, il m'a raconté : Je viens de recevoir un coup de canne d'un Monsieur, en passant rue Jean-Lamour. — Quel Monsieur ? — Il ne m'a pas dit qui ; il ne le connaissait pas ! » Je m'approche de son lit et je lui dis : « Voyons, mon ami, il ne faut rien dire dont vous ne soyez sûr. N'affirmez pas par complaisance. Il n'a pas reçu de coup de canne. C'est une suggestion que je lui ai faite. » — « Cependant il me l'a affirmé hier soir. » — « À quelle heure ? » — « À quatre heures et demie en m'apportant un œuf de Pâques. » Et il me montre un œuf de Pâques qui était dans le tiroir de sa table de nuit. V... m'affirme en effet lui avoir apporté un œuf ; il en avait acheté deux et il me montre son congénère de même couleur dans son tiroir. Coïncidence remarquable. Le souvenir fictif provoqué chez ce sujet était associé dans son esprit à un fait réel. Le témoignage était corroboré par ce fait incontestable : l'œuf était là ! Et voyez comment en justice ce témoignage acquerrait par là d'importance. Je pourrais multiplier ces faits. Comme on le voit, ce ne sont pas seulement des enfants qui peuvent de bonne foi faire des faux témoignages ; ce sont des adultes sérieux qui comprennent la valeur de ce qu'ils disent et ne parlent pas à la légère ; le souvenir fictif suggéré est une véritable hallucination rétroactive ; l'image de la scène existe dans leur cerveau ; ils ont vu, de leurs propres yeux vu, et ne peuvent récuser le témoignage de leurs sens.

2) FAUX TÉMOIGNAGES DE BONNE FOI DANS LES AFFAIRES JUDICIAIRES.

L'idée de ces expériences m'a été inspirée il y a vingt-cinq ans par un procès hongrois qui passionnait vivement à cette époque l'opinion publique ; c'était l'affaire de Tisza-Eslar. Une jeune fille de quatorze ans, appartenant à la confession réformée, disparaît. Dix-neuf familles juives habitent ce village hongrois. Bientôt le bruit se répand que les juifs l'ont tuée pour avoir son sang ; c'était la veille de la Pâques ; ils ont mêlé son sang chrétien au pain sans levain de leur Pâques. Un cadavre repêché plus tard dans le Theiss est reconnu par six personnes comme étant celui de la jeune fille ; mais la mère restait incrédule et d'autres témoins, choisis par elle, refusèrent de reconnaître le cadavre. Mais la passion antisémite était soulevée ; l'opinion était faite. Treize malheureux juifs furent arrêtés. Le juge d'instruction, grand ennemi d'Israël, s'occupe avec une activité féroce à confirmer la conjecture que sa haine aveugle a conçue. Le sacristain de la synagogue avait un fils âgé de treize ans ; il le cita devant lui. L'enfant ne savait rien du meurtre. Mais le juge, voulant à toute force établir ce qu'il croit être la vérité, le confie au commissaire de sûreté, expert pour extorquer des aveux ; celui-ci l'amène dans sa maison. Quelques heures après, l'enfant avait avoué ; son père avait attiré la jeune fille chez lui, puis l'avait envoyée à la synagogue ; l'enfant avait entendu un cri, était sorti, avait collé son œil à la serrure du temple, avait vu Esther étendue à terre ; trois hommes la tenaient ; le boucher la saignait à la gorge et recueillait son sang dans deux assiettes. Séquestré pendant trois mois, confié à un gardien qui ne le quitte pas, l'enfant, arrivé à l'audience, persiste dans ses aveux ; la vue de son malheureux père et de ses douze coreligionnaires que la potence menace, les supplications les plus ardentes pour l'engager à dire la vérité, les pleurs et les malédictions, rien ne l'émeut ; il répète sans se lasser les mêmes choses dans les mêmes termes. L'enfant d'ailleurs a été converti par les suggestionneurs peut-être inconscients, suggestionnés eux-mêmes par leur fanatisme. La vérité d'ailleurs se fit jour, et les accusés furent acquittés.

Le docteur Motet, qui ne connaissait pas mes expériences, a relaté quelques faits de faux témoignages des enfants devant la justice. Je rappelle le suivant. Lasègne racontait qu'un jour il eut à intervenir dans une affaire grave. Un négociant chemisier est appelé chez le juge d'instruction sous l'inculpation d'attentat à la pudeur sur un enfant de dix ans. Il proteste en termes indignés, il affirme qu'il n'a pas quitté sa maison de commerce à l'heure où aurait été commis l'attentat dont on l'accuse. Voici comment avait pris naissance cette fable : l'enfant avait fait l'école buissonnière et il était rentré à la maison longtemps après l'heure habituelle. À son arrivée, sa mère, inquiète, lui demande d'où il vient. Il balbutie ; elle le presse de questions ; elle s'imagine qu'il a pu être victime d'un attentat à la pudeur ; et, lancée sur cette piste, on ne sait pourquoi, elle interroge dans ce sens ; et quand le père arrive, c'est elle qui, devant l'enfant, raconte l'histoire telle qu'elle l'a créée. L'enfant la retient, la sait par cœur, et quand on lui demande s'il reconnaîtrait la maison où il a été conduit par ce Monsieur, il désigne la demeure du négociant et l'histoire ainsi complétée est acceptée jusqu'au jour où il a été possible de reconstituer l'escapade et de réduire à néant une fable dont les conséquences auraient été si graves.

Ce ne sont pas seulement les témoins qui sont susceptibles de faux témoignages par souvenirs fictifs créés chez eux ; les accusés eux-mêmes, influencés par l'interrogation, peuvent se croire coupables et croient que c'est arrivé. Mon regretté ami Liegeois relate l'histoire suivante.

Une jeune fille comparaît en novembre 1868 devant le tribunal correctionnel de Vic sous la prévention d'avoir supprimé l'enfant dont elle avait accouché. La sage-femme avait affirmé qu'elle était accouchée. L'accusée nia d'abord. Mais le commissaire de police, ayant procédé à son interrogatoire, lui demanda « si elle n'aurait pas placé son enfant dans le réduit à porcs de la maison où elle habitait ». Après bien des hésitations, elle a fini par dire qu'elle l'y avait mis. La sage-femme entendue par le juge d'instruction dit bien que c'est elle qui lui avait fourni cette indication. « Je lui ai demandé si elle n'avait pas déposé son enfant dans le réduit à porcs. » Elle repoussa d'abord bien loin cette pensée que j'avais ; puis, elle avoua que j'avais bien deviné. Interrogée une seconde fois par le juge d'instruction, elle renouvelle ses aveux, en les précisant : « J'ai pris mon enfant, j'ai ouvert la porte de la loge des porcs, et je l'ai lancé au fond de cette loge. Je ne crois pas qu'il ait crié et je ne l'ai pas entendu remuer. Le médecin cantonal de Dieuze visite la prévenue, conclut qu'elle avait accouché et que l'accouchement datait d'environ vingt-quatre heures. La prévenue fut condamnée à six mois de prison. Quand elle se présenta à la prison, on reconnut qu'elle était dans un état de grossesse très avancée ; elle accoucha le 25 décembre 1868 d'une fille bien constituée, à terme. L'erreur de la sage-femme et des médecins avaient confirmé l'accusation et le faux témoignage de l'accusée contre elle-même. La suggestion expérimentale, on le voit, en créant des souvenirs fictifs, des hallucinations rétroactives, ne fait pas de phénomènes insolites : elle reproduit ce qui dans la vie normale peut se produire, ce que la psychologie de l'homme peut réaliser.

3) CONCLUSIONS PRATIQUES.

Si j'ai insisté sur ces faits, c'est qu'ils sont gros de conséquence au point de vue juridique et médico-légal. Le magistrat doit les connaître et se défier de lui-même. Comme le médecin qui est exposé à créer chez son malade des symptômes qu'il n'a pas, à extérioriser sur lui ses propres conceptions, de même le juge d'instruction est exposé à imposer ses idées préconçues aux témoins, et à leur dicter, à son insu, des faux témoignages. S'il est prévenu de cette cause d'erreur, s'il a assisté à des expériences dans le genre de celles que j'ai signalées, alors seulement il saura se tenir en garde. Quand il aura plusieurs témoins à interroger, il ne les interrogera pas d'abord l'un en présence de l'autre, mais séparément, avant de les confronter. Qu'arrive-t-il en général, quand un drame s'est passé dans la rue, et qu'un certain nombre de témoins viennent déposer ? Interrogés séparément, chacun raconte l'histoire à sa façon ; les souvenirs réels, au bout de peu de temps, sont déjà déformés dans chaque imagination ; chacun substitue en partie ses impressions ou auto-suggestions à la réalité vraie. Rien n'est plus difficile à établir que la vérité.

Si les témoins sont interrogés en présence l'un de l'autre et que le premier raconte l'affaire avec précision, et sans hésitation, souvent tous les autres suivent et confirment la version de leur chef de file, convaincus que c'est arrivé comme il a dit, ne se doutant pas qu'ils ont pu être suggestionnés par lui. Cela est d'observation journalière.

Le juge d'instruction éclairé sur ces faits s'appliquera à ne pas influencer les témoins, ni même l'accusé ; il les laissera parler, s'ils parlent ; il écoutera les dépositions, sans les dicter ; avec l'habitude et le flair que donne l'expérience des hommes, il saura coter la suggestibilité de chacun, dans une certaine mesure ; il cherchera à discerner le mensonge de l'auto-suggestion.

S'il soupçonne celle-ci, un interrogatoire, habilement dirigé dans ce but expérimental pour ainsi dire, pourra lui permettre de coter la suggestibilité du témoin. Voici, par exemple, un individu qui, dans une altercation avec un autre, prétend avoir été battu, volé, etc. ; je soupçonne que son récit est exagéré et en partie imaginaire, déformé par l'auto-suggestion. Chargé de l'instruction, j'ai l'air d'accepter son dire, y ajoutant du mien, suggérant moi-même des détails qui, s'ils sont acceptés par le témoin, trahissent sa suggestibilité. Je dis, par exemple : « Quand il s'est sauvé avec votre argent, vous m'avez dit qu'il a laissé tomber une pièce et l'a ramassée. Vous vous souvenez bien de ce fait ? » Si l'accusateur tombe dans le piège et affirme ce souvenir, il s'est trahi lui-même. Tous les menteurs ne sont pas de mauvaise foi ; tous ne sont pas non plus de bonne foi. Mais que d'erreurs commises par la justice, par la médecine, par la société, par la religion à la faveur de l'idée préconçue, quand elle n'est pas rectifiée par une psychologie éclairée à la lumière des faits que je viens d'exposer !

CHAPITRE 7

DU SOMMEIL PROVOQUÉ DIT HYPNOTIQUE. — PROCÉDÉS. — DEGRÉS DE SOMMEIL. — CLASSIFICATION DE LIÉBEAULT.

1) SOMMEIL PAR SUGGESTION. — PROCÉDÉS.

Tous les phénomènes décrits dans les pages qui précèdent moteurs, sensitifs, sensoriels, illusions, hallucination, sont fonction de la suggestibilité humaine ; le cerveau peut les réaliser expérimentalement, comme il les réalise spontanément ; c'est ce que j'ai cherché à mettre en évidence pour chacun de ces phénomènes. Le sommeil dit hypnotique n'est pas nécessaire pour leur manifestation.

Le sommeil lui-même est un acte organique que la suggestion peut déterminer chez quelques-uns ; mais ce sommeil provoqué par suggestion n'a rien de spécial ; et il n'est pas nécessaire préalablement, comme je l'ai dit, pour la réalisation des autres phénomènes.

Le sommeil provoqué est appelé, depuis Braid, sommeil hypnotique. Toutefois Braid ne propose ce nom que pour le sommeil profond avec amnésie au réveil.

Tous les procédés employés pour obtenir ce sommeil ou hypnose qui ne diffère pas en réalité, comme je l'ai dit, du sommeil naturel, se réduisent à la suggestion. Liébeault employait directement la suggestion verbale, affirmant à la personne à endormir les signes du sommeil, somnolence, pesanteur de paupières, isolement du monde extérieur, et lui enjoignant par insinuation douce ou ordre ferme de dormir. C'est le système de la mère qui instinctivement berce son enfant en chantant et lui insinuant le sommeil d'une voix douce ou plus énergique, si l'enfant résiste.

Les anciens procédés, passes magnétiques, attouchements, excitations sensorielles, etc., ne réussissent que lorsqu'ils sont associés à l'idée donnée au sujet, qu'ils ont pour but de faire dormir. Braid a pu, il est vrai, endormir des sujets par la fixation d'un point brillant, sans les prévenir qu'ils allaient dormir. Mais la fatigue de paupières déterminée par cette fixation est une sensation qui suggère à certains l'idée du sommeil. Il est des personnes très impressionnables qui ne peuvent fixer un objet brillant sans que leurs yeux se ferment ; et ils ne peuvent tenir les yeux clos quelques instants sans s'endormir ; car l'occlusion des yeux, l'absence d'impressions visuelles, l'obscurité concentrant l'esprit sur lui-même et l'empêchant de se distraire par les impressions du monde extérieur créent l'image du sommeil. C'est une sensation qui réveille les sensations associées qui préludent au sommeil.

De même les impressions monotones, faibles, continues sur un sens, le murmure des flots, un cours débité lentement et sans animation, une incantation dont le rythme simple et invariable captive l'oreille, sans parler à l'intelligence, tout ce qui immobilise la pensée sur une sensation unique peut l'engourdir et produire une douce somnolence ; l'engourdissement est une suggestion au sommeil.

Les prétendues zones hypnogènes qu'on décrit chez les hystériques, dont le seul attouchement provoquerait l'hypnose, n'existent pas en dehors de la suggestion ; elles ne sont hypnogènes que lorsque le sujet sait qu'elles doivent l'être ; et on peut chez les sujets suggestibles localiser ces prétendues zones *ad libitum*.

On trouve dans les livres sur l'hypnotisme, y compris encore les miens, la longue et fastidieuse description des procédés employés par les divers magnétiseurs ou hypnotiseurs pour obtenir l'état dit autrefois magnétique ou hypnotique, qu'on croyait un état artificiel provoqué à la faveur duquel l'organisme manifestait les phénomènes que nous avons décrits ; les successeurs de Braid même continuèrent ces procédés empiriquement, soit par fixation des yeux, soit par des passes. Voici le procédé qu'employait Charles Richet en 1884 :

« Je prends chacun des pouces du sujet dans une main et je les serre fortement, mais d'une manière assez uniforme. Je prolonge cette manœuvre pendant trois à quatre minutes ; en général les personnes nerveuses ressentent déjà une certaine pesanteur dans les bras, aux coudes et surtout aux poignets. Puis je fais des passes, en portant les mains étendues sur la tête, le front, les épaules, mais surtout les paupières. Les passes consistent à faire des mouvements uniformes de haut en bas, au-devant des yeux, comme si, en abaissant les mains, on pouvait faire fermer les paupières. Au début de ces tentatives, je pensais qu'il était nécessaire de faire fixer un objet quelconque par le patient, mais il m'a semblé que c'était là une complication inutile. La fixation du regard a peut-être quelque influence, mais elle n'est pas indispensable. »

Chaque auteur varie ses manipulations. Toutes réussissent, ou aucune ne réussit, suivant que le sujet a ou n'a pas l'idée qu'il va dormir. Ce ne sont pas les manœuvres, c'est sa foi qui l'endort. Aussi Liébeault, supprimant les passes et la fascination, endort par la simple suggestion. On crée le sommeil, comme on crée les autres phénomènes de suggestion quand le sujet peut le réaliser. Souvent, il ne le peut pas, alors même qu'il peut réaliser de la catalepsie, de la contracture, de l'anesthésie, par exemple.

2) DEGRÉS DE SOMMEIL.

Il y a d'ailleurs des degrés de sommeil variables. Il en est qui, après la suggestion du sommeil, restent les yeux clos, immobiles, cataleptisables ; on peut provoquer chez eux de l'anesthésie, de la contracture, de l'automatisme rotatoire ; et ils disent pendant le prétendu sommeil qu'ils ne dorment pas ; ou après le prétendu réveil qu'ils n'ont pas dormi ; ils ont assisté en pleine connaissance de cause aux phénomènes provoqués sur eux.

D'autres ont toute l'apparence du sommeil profond, avec amnésie au réveil.

D'autres accusent seulement de la somnolence, de l'engourdissement, de la difficulté de soulever les paupières ; il en est qui en dépit de tous leurs efforts ne peuvent pas ouvrir les yeux et qui cependant n'ont pas la conscience de dormir. Liébeault considérait tous ces états comme des degrés de sommeil, comme des états passifs ou états hypnotiques. Voici la classification de ces divers états.

Il établit deux sortes de sommeil : le sommeil léger et le sommeil profond ou somnambulique.

Le sommeil léger comporte quatre degrés

Premier degré. — Somnolence : caractérisée par de la torpeur, de l'assoupissement, de la pesanteur de tête, de la difficulté à soulever les paupières. En 1886, 6,06 % ont présenté ces signes.

Deuxième degré. — Sommeil léger : caractérisé en outre par un commencement de catalepsie. Les sujets peuvent encore modifier l'attitude de leur membre si on les défie : 17,48 % étaient à ce degré.

Troisième degré. — Sommeil léger plus profond : engourdissement, catalepsie, aptitude à exécuter des mouvements automatiques ; le sujet n'a plus assez de volonté pour arrêter l'automatisme rotatoire suggéré : 35,89 % de sujets.

Quatrième degré. — Sommeil léger intermédiaire ; outre la catalepsie l'automatisme rotatoire, les sujets ne peuvent porter leur attention que sur l'hypnotiseur et n'ont gardé le souvenir au réveil que de ce qui s'est passé entre eux et lui 7,22 %. Le sommeil profond ou somnambulique a deux degrés :

- 1° Le sommeil somnambulique ordinaire caractérisé par l'amnésie complète au réveil, et l'hallucinabilité pendant le sommeil ; les hallucinations s'effacent au réveil. Les sujets sont soumis à la volonté de l'hypnotiseur : 24,94 %.
- 2° Le sommeil somnambulique profond caractérisé par l'amnésie au réveil, l'hallucinabilité hypnotique et post-hypnotique ; soumission absolue à l'hypnotiseur : 4,16 %.

Cette classification est purement artificielle, comme toutes celles qui ont été faites ; elle date d'une époque où dominait encore la conception de l'hypnose ou sommeil provoqué. La constatation de la catalepsie, de l'automatisme rotatoire, d'hallucinabilité impliquait l'idée d'hypnotisme, et alors puisque l'existence de ces phénomènes caractérisait précisément cet état dit hypnotique, il fallait bien expliquer les cas où le sujet affirmait ne pas dormir, en imaginant les sommeils ou hypnoses incomplètes à divers degrés. En réalité, comme nous l'avons vu, tous ces phénomènes existent à l'état de veille. Certains sujets peuvent être endormis, même avec amnésie au réveil ; et cependant ils ne sont pas hallucinables, ni anesthésiables. La facilité de provoquer ces divers phénomènes, c'est-à-dire *la suggestibilité, n'est pas en rapport avec l'intensité du sommeil.* Le sommeil n'est pas, comme on le pensait, la condition *sine qua non* des phénomènes dits hypnotiques, que j'appelle phénomènes de suggestion, parmi lesquels se trouve, au même titre que les autres, sans les dominer, le sommeil lui-même.

Il est souvent difficile, d'ailleurs, de dire si un sujet, auquel on a suggéré le sommeil, a réellement dormi. Comment définir le sommeil ? Quand nous avons eu des symptômes précurseurs de somnolence progressive, et que nous avons plus tard le sentiment de réveil, avec amnésie, ou souvenir de rêves, nous concluons que nous avons dormi. Quand nous voyons quelqu'un les yeux clos, immobile ou n'ayant que de légers mouvements automatiques, ne répondant pas aux questions, ronflant, et se réveiller graduellement en se frottant les yeux, ne se souvenant de rien, nous concluons qu'il a dormi. Nous ne connaissons le sommeil que par ses symptômes objectifs ou subjectifs.

Il est certain que beaucoup de sujets dorment réellement par suggestion ; ils en accusent les symptômes et en ont l'apparence.

D'autres n'ont aucune apparence de sommeil ; ils ont les yeux ouverts, répondent aux questions, vont, viennent ; ils disent qu'ils dorment, si on le leur dit ; mais ils n'ont sans doute que *l'illusion du sommeil* que je leur ai suggéré, comme d'autres ont l'illusion d'une anesthésie qui n'est pas réelle. La preuve que ce sommeil peut ne pas être une réalité, c'est que je puis donner à certains sujets *l'illusion d'un sommeil rétroactif qui n'a jamais existé.* Je lui dis : « Vous venez de dormir pendant quatre heures. » Il en est convaincu et n'a plus le souvenir de ce qu'il a fait durant ces quatre heures, alors qu'il était parfaitement réveillé.

Le critérium du sommeil, sont-ce les rêves provoqués ? Est-ce l'hallucinabilité ? Elle existe bien à l'état de veille, spontanément et expérimentalement. Est-ce l'inconscience pendant l'état de sommeil, et l'amnésie au réveil ? L'inconscience n'existe ni dans le sommeil naturel ni dans le sommeil provoqué. Dans les deux on est réveillé par la parole ou un bruit intense, donc on entend. On a décrit une léthargie hypnotique. Je ne l'ai jamais constatée. Au degré le plus profond du sommeil provoqué, alors que le patient est inerte, immobile, indifférent à ce qui se passe, en apparence, paraissant réduit à la vie végétative, il entend ce qui se passe autour de lui, il m'entend, car je puis en le stimulant, en lui disant : « Vous m'entendez, vous pouvez parler », obtenir de lui une réponse ou un geste.

La catalepsie, la contracture provoquée indiquent déjà, comme nous l'avons vu, qu'il est conscient. L'action de tenir le bras en l'air ou de le contracturer est un phénomène de conscience ; le comateux, l'apoplectique inconscient, ne le manifeste pas ; je lève son bras, il retombe inerte ; je ne provoque chez lui ni catalepsie ni contracture.

Tous les dormeurs profonds, je le répète, je puis les réveiller par la

parole. Bien plus, alors que l'amnésie paraît complète, que le sujet n'a
plus aucun souvenir de rien, je puis réveiller en lui tous les souvenirs
des paroles qu'on lui a dites, des impressions qu'on lui a données, des
rêves qu'on lui a provoqués pendant sa vie de sommeil. Il n'y a donc
pas d'inconscience, pas de léthargie dite hypnotique. Ceci m'amène
étudier l'amnésie.

CHAPITRE 8

DE L'AMNÉSIE APRÈS LE SOMMEIL OU APRÈS L'ÉTAT DE SUGGESTION SANS SOMMEIL. — AMNÉSIE COMPLÈTE OU INCOMPLÈTE. — EXPLICATION DE L'AMNÉSIE. — DES SOUVENIRS LATENTS. — AMNÉSIE RÉTRO-ACTIVE. — SUGGESTIONS POST - HYPNOTIQUES.

1) AMNÉSIE APRÈS LE SOMMEIL OU APRÈS L'ÉTAT DE SUGGESTION SANS SOMMEIL.

Voici un sujet que j'endors. Il a toute l'apparence d'un sommeil profond. Pendant cet état, je lui parle, je le soumets à toutes sortes d'expériences ; je le pique pour constater son analgésie, je l'hallucine, je le fais agir et marcher. Au réveil, il ne se souvient de rien. Toute cette vie somnambulique paraît éteinte pour lui. A-t-il agi comme un simple automate ?

Voici un autre sujet auquel j'ai suggéré aussi le sommeil ; il n'a pas l'apparence d'un sommeil profond ; spontanément, sans que je l'actionne, il a les yeux ouverts et répond, comme un homme éveillé ; c'est un de ceux qui ont seulement l'illusion du sommeil. Il croit qu'il dort, parce que je lui suggère qu'il dort, et revenu à son état normal, c'est-à-dire sorti de l'état de suggestion, il est convaincu qu'il a dormi et ne se souvient de rien. L'amnésie ne prouve pas d'ailleurs que le sommeil a été réel, car je puis la produire et elle peut se produire spontanément à la suite de suggestion à l'état de veille.

À un sujet très suggestible, je suggère, sans l'endormir, de commettre un acte impressionnant par exemple, d'aller chez son voisin, de l'injurier, de lui voler sa montre, etc. Tout cela, il l'accomplit, sans apparences ni illusion du sommeil, les yeux ouverts ; si on l'interroge, il se dit parfaitement éveillé, et maître de lui. Quand l'acte suggéré est consommé, et qu'il revient à son état de conscience habituelle, quelquefois il ne se souvient de rien ; il est tout aussi amnésique que s'il avait dormi. Tel autre ne l'est pas dans les mêmes conditions ; pour qu'il le soit, il faut que je lui aie suggéré qu'après l'acte accompli, il ne se souviendra de rien ; ainsi l'amnésie, si elle n'est pas spontanée, peut être provoquée par la suggestion.

Ce que je veux conclure de cela, c'est que l'amnésie ne signe pas le diagnostic de sommeil, c'est qu'elle n'est pas spécialement dévolue à l'hypnose ; elle peut être consécutive à tous les actes suggérés qui ont vivement impressionné le sujet et créé comme un nouvel état de conscience.

Cette amnésie d'ailleurs n'est pas toujours complète. Entre l'amnésie complète et le souvenir complet, tous les degrés existent. Il en est qui se rappellent certaines choses et pas d'autres ; ils ont entendu parler, mais ne peuvent répéter ce qui a été dit ; le souvenir est vague. D'autres ne se souviennent de rien au réveil. Mais peu à peu, dans la journée, tous leurs souvenirs reviennent ; ils se rappellent tout ce qu'on leur a dit et fait, et les hallucinations qu'on leur a données, comme des rêves. Ces souvenirs hallucinatoires lui démontrent qu'il a dormi ; mais si on s'est contenté de lui parler, de l'actionner sans l'halluciner, le sujet, retrouvant tous ses souvenirs, peut se figurer de bonne foi qu'il n'a pas été influencé, qu'il n'a pas dormi, qu'il a simulé par complaisance. D'autres conservent aussitôt après le réveil, le souvenir précis de tout ce qui a été fait pendant le sommeil, alors que, cependant, ils avaient l'aspect et la conscience de parfaits dormeurs.

N'en est-il pas de même des impressions du sommeil naturel ? Chez l'un, les rêves sont parfaitement présents à l'esprit ; chez l'autre, ils sont vagues, incomplets, sans précision ; chez un troisième, ils sont et restent complètement effacés ; chez tel enfin, ils se réveillent seulement au bout d'un certain temps. Il en est même qui, sans souvenir à l'état de veille, répètent le même rêve chaque nuit ; et ce n'est qu'après plusieurs de ces rêves répétés que le souvenir se reconstitue pendant la veille.

Le sommeil, je le répète, n'est donc pas un état d'inertie inconsciente. Je dis quelquefois : « Ne dites jamais un secret devant une personne endormie, si vous ne voulez pas qu'elle le connaisse. » Elle peut l'entendre, l'enregistrer ; et ce souvenir, latent au réveil, peut revenir à l'état de conscience.

2) EXPLICATION DE L'AMNÉSIE. — DES SOUVENIRS LATENTS.

Comment expliquer l'amnésie après le sommeil spontané, après le sommeil provoqué, et même, après certaines suggestions faites à l'état de veille ? Voici l'explication de Liébeault. Pendant le sommeil, j'ajoute pendant la concentration psychique de l'état de suggestion, toute l'activité cérébrale est concentrée vers les centres d'imagination ou ceux que j'appelle idéodynamiques. Le cerveau ne reçoit plus d'impressions du monde extérieur ; les sens inertes n'envoient plus rien au sensorium ; toute l'action nerveuse, toute la lumière nerveuse, si je puis employer cette expression figurée, est accumulée au centre, et projetée par lui, sans être distraite à la périphérie, sur les images et impressions suggérées à l'imagination ou évoquées par elle. Ces images ainsi faites et éclairées par une lumière plus intense sont nettes et éclatantes. Quand le sujet se réveille, ou revient à son état normal, toute cette activité nerveuse concentrée au centre se diffuse de nouveau à la périphérie, la lumière nerveuse accumulée s'irradie dans tout l'organisme, les organes sensoriels, les facultés de contrôle l'appellent à eux pour contrôler les impressions du monde extérieur et de l'organisme lui-même. Dès lors les images de l'état de sommeil ne sont plus assez éclairées pour être conscientes ; elles sont latentes et ne redeviennent visibles à la conscience que si le même état de concentration psychique se reproduit.

Avec quelle facilité, chez certains sujets, les souvenirs apparaissent et disparaissent suivant la modification de l'état de conscience, c'est-à-dire suivant l'éclairage psychique, l'expérimentation le démontre. L'occlusion des yeux quelquefois suffit. Voici un enfant. Je lui ferme les yeux et je lui parle : « Comment t'appelles-tu ? » — « Émile Durand. » — « Es-tu sage ? » — « Oui. » — « Tu es un voleur, un fainéant. Tu as volé ton camarade, etc. » J'ouvre ses yeux « Qu'est-ce que je t'ai dit ? » — « Vous ne m'avez rien dit. » Je ferme ses yeux et je répète la question : « Qu'est-ce que je t'ai dit ? » Il se rappelle tout : « Vous m'avez demandé mon nom. Vous m'avez dit que j'ai volé, etc. » Je rouvre ses yeux. Tout est évaporé.

Une jeune femme de mon service avait aussitôt qu'elle s'endormait des peurs et des cauchemars produits par le souvenir des brutalités de son mari divorcé. Je lui dis de fermer ses yeux comme si elle dormait. Aussitôt sa figure exprime la terreur, elle dit : « Va-t'en ! Va-t'en ! Je ne veux pas te voir. » Je lui dis de se réveiller. Elle ouvre les yeux et ne se souvient de rien. Je lui dis de les fermer. Elle les ferme et la scène se reconstitue.

Au lieu de procéder par occlusion des yeux, il suffit que je modifie l'intonation de ma voix pour reconstituer la vision mentale. Je dis en riant : « Vous ne voyez rien. » Elle dit non. Je dis alors d'un ton plus dramatique : « Vous ne voyez rien maintenant. » Immédiatement la concentration d'esprit, produite par l'intonation suggestive de ma voix, crée l'image terrifiante que je puis d'ailleurs effacer complètement par suggestion.

Par tous ces faits, j'établis que les phénomènes du sommeil naturel et artificiel, et ceux de l'état de suggestion ne sont pas des phénomènes automatiques, mais des phénomènes de conscience dont le souvenir peut être latent, mais n'est pas éteint.

Cette conception des *Souvenirs latents* explique certains faits qui montrent aussi que le sommeil n'est pas un état automatique, mais un état conscient pendant lequel le cerveau peut penser et travailler.

Quelqu'un s'endort avec la pensée d'un problème à résoudre dont il n'a pas trouvé la solution dans la journée. À son réveil, il le trouve résolu dans sa tête. *Ce n'est pas la cérébration inconsciente* ni l'automatisme cérébral qui a travaillé à son insu : c'est lui-même qui, pendant le sommeil, consciemment, a médité son problème et sans doute à la faveur de la concentration psychique, non distrait par d'autres impressions, l'a résolu. Mais au réveil le souvenir du travail nocturne est latent ; il ne se rappelle pas que son esprit a travaillé. Tel Paganini qui trouve à son réveil sur son bureau la sonate du diable qu'il attribue au diable, ne se rappelant pas que lui-même l'avait composée et écrite la nuit dans un état de conscience somnambulique.

Rappelons encore ce fait. Quand on s'endort avec l'idée fixe de se réveiller à une heure déterminée, qu'arrive-t-il ? Certains ont pendant la nuit la notion du temps qui s'écoule, ou entendent sonner l'heure et se réveillent au moment voulu. D'autres n'ont pas cette notion ou n'entendent pas sonner : ils se réveillent à chaque instant, font de la lumière, regardent l'heure, et se rendorment jusqu'à ce que l'heure désignée approche. Pourquoi se réveillent-ils si souvent ? Parce qu'ils sont inquiets pendant leur sommeil, ils ont peur de manquer l'heure et se réveillent souvent pour ne pas la manquer. Seulement de cette agitation nocturne, de cette obsession consciente de l'heure pendant le sommeil, ils n'ont plus le souvenir présent au réveil ; ce souvenir est latent.

3) RÉVEIL SPONTANÉ DES SOUVENIRS LATENTS.

Les souvenirs latents se réveillent quelquefois spontanément par une association de souvenirs. Tel rêve nocturne oublié, par exemple discussion avec un ami, est revivifié par la rencontre fortuite de l'ami en question et on dit : « Tiens, j'ai rêvé de toi. » Je produis chez un sujet endormi des phénomènes expérimentaux, par exemple le transfert d'une catalepsie d'un bras à l'autre par un aimant ou par un simple attouchement du bras non catalepsié ; cela est simplement de la suggestion. Au réveil le sujet ne se souvient de rien. Or si je lève un bras en l'air en catalepsie, et que je touche l'autre bras, comme je l'ai fait pendant le sommeil, le même transfert se produit. Si je provoque pendant le sommeil des phénomènes suggestifs, éternuement, rire, tremblement dans un bras, etc., par l'attouchement de certaines régions du crâne que je détermine arbitrairement et auxquels j'attribue la production de ces actes, pure suggestion, le sujet étant éveillé, l'attachement des mêmes régions produira les mêmes phénomènes, sans que le sujet se rappelle les avoir manifestés étant endormi.

4) RÉVEIL PAR SUGGESTION DES SOUVENIRS LATENTS.

On peut réveiller directement les souvenirs de l'état dit hypnotique. Voici un sujet endormi ; je lui parle ; il me répond ; je lui suggère des actes, des sensations, des hallucinations diverses. Au bout d'un temps variable, une heure par exemple, je le réveille ; il n'a souvenir de rien ; sa vie somnambulique semble effacée pour lui. Mais je lui dis : « Vous allez vous rappeler tout ce que je vous ai dit et fait pendant que vous dormiez », je lui mets en même temps la main sur le front, comme nous le faisons instinctivement quand nous voulons rappeler un souvenir en concentrant notre attention ; il se replie sur lui-même, réfléchit, rassemble l'activité cérébrale, la lumière nerveuse, sur les images-souvenirs latents, et ces images mieux éclairées redeviennent rapidement visibles à la conscience ; il rappelle alors tous les faits, gestes, actes accomplis pendant son sommeil. Les souvenirs latents sont restaurés.

On peut aussi empêcher des impressions suggestives du sommeil provoqué d'être latentes au réveil, en suggérant au sujet pendant ce sommeil de tout se rappeler au réveil.

D'autre part, le sujet lui-même peut s'affirmer pendant son sommeil naturel ou provoqué la conservation de souvenir et alors il peut le retrouver au réveil. Une cliente que j'endormais et qui était amnésique au réveil, me disait un jour dans son sommeil : « Il faut que je n'oublie pas au réveil de vous parler de l'accident arrivé à mon fils. » Et à son réveil, elle m'en parla, ne se rappelant pas les autres impressions de son sommeil. Le sujet dans ces cas se réveille avec l'idée de ce souvenir et le reconstitue par auto-suggestion, comme je le reconstitue moi-même en lui par suggestion.

Il n'y a donc pas, je le répète, d'amnésie absolue. Tous les souvenirs hypnotiques peuvent se réveiller ou être réveillés.

5) AMNÉSIE RÉTROACTIVE.

L'amnésie peut être *rétro-active* ou rétrograde, c'est-à-dire qu'elle comprend non seulement les faits du sommeil ou de l'état de suggestion, mais encore les faits antérieurs qui ont eu lieu avant cet état pendant un laps de temps variable. J'ai vu souvent des malades que j'ai longuement interrogés et examinés en présence des élèves et fait examiner par eux, avant de les avoir endormis et soumis à des expériences de suggestion ; ils se réveillent après un certain temps et ne se souviennent de rien ; ils croient que j'arrive seulement à leur lit, ne se rappellent pas que je les ai endormis, suggestionnés, ni même que je leur ai parlé longuement, en présence des élèves, avant le sommeil provoqué. Les souvenirs d'une partie de la vie normale sont abolis en même temps que ceux du sommeil. Certains croient sortir spontanément d'un sommeil naturel prolongé, et disent qu'ils ne m'ont pas vu entrer dans la salle des malades, parce qu'ils dormaient. On sait que dans la vie ordinaire, cette même amnésie rétroactive peut se manifester à la suite de grandes perturbations psychiques. On voit des malades, à la suite d'une longue fièvre typhoïde, pendant la convalescence, n'ayant plus le souvenir non seulement des faits qui se sont passés pendant leur période de délire ou de stupeur, mais encore de ceux qui se sont passés pendant la première période alors que le cerveau n'était pas pris, que l'intelligence était parfaite et normale. La mémoire n'est cependant pas lésée d'une façon générale ; les souvenirs plus anciens sont présents.

Un sujet qui pendant l'ivresse a commis mille actes extravagants, quelquefois revenu à son état normal, ne se souvient de rien, même pas des circonstances qui ont précédé son ivresse.

On voit des criminels impulsifs qui ne se rappellent pas avoir perpétré le crime. Toute modification considérable passagère d'état de conscience peut donc déterminer de l'amnésie qui est parfois rétrograde. D'autrefois l'amnésie est incomplète ; le sujet a un souvenir vague, confus ; il n'avait pas le même état de conscience ; ce n'était pas lui, c'était un autre. Tel qui a commis un acte répréhensible dans l'ivresse, et qui se rappelle imparfaitement quelque chose, croit de bonne foi que ce n'est pas lui. Ainsi s'explique l'attitude singulière et naïve de certains criminels, après le crime. On se rappelle Pranzini, ce chevalier d'industrie qui assassina une femme galante avec son enfant pour la voler. Le crime commis, il alla chez sa maîtresse et lui raconta qu'il avait assisté à un crime épouvantable qu'il relata dans tous ses détails. Il était caché, disait-il, dans un placard et avait tout vu. Pourvu qu'on ne le soupçonne pas ! Il demande de l'argent pour s'en aller. Tout ceci, il est vrai, pouvait avoir été inventé de toutes pièces par l'assassin très conscient de son crime. Mais après il envoie poste restante les bijoux volés à sa propre adresse : M. Pranzini à Marseille. Il se rend dans cette ville, distribue les objets volés dans les maisons de tolérance et fait si bien qu'on l'arrête. Il nie toujours avoir perpétré son crime. Un autre l'avait fait, il avait assisté à la scène dans une cachette. « Et les bijoux ? » On devait les lui avoir donnés. Il maintint cette version jusqu'au bout, naïvement, bêtement, sans chercher à préciser les détails, niant toujours avec fermeté qu'il fût l'auteur du crime. Cependant, c'était un escroc intelligent, roublard. Pourquoi cette conduite simpliste après le crime, qu'il a cependant accompli avec préméditation ? Est-ce un simple mensonge ? Il est possible qu'il ait affirmé de bonne foi que ce n'était pas lui. Ce n'est pas de sang-froid qu'un escroc, quelque immoral qu'il soit, poignarde pour la première fois deux personnes. Obsédé par l'idée du crime, décidé à l'accomplir, il était, pendant qu'il l'accomplissait, dans un état d'excitation mentale, de conscience spéciale. Puis l'acte commis, comme dégrisé, revenu à son état de conscience normal, il pouvait de bonne foi s'imaginer l'avoir vu commettre par un autre lui-même, par un autre que lui-même.

Ceux qui ont vu certains sujets par suggestion commettre un pseudo-crime expérimental, et expliquer alors leur acte naïvement, ou le travestir au gré de leur imagination, et s'en tenir à une interprétation qui ne tient pas debout, comprendront mon hypothèse.

6) SUGGESTIONS POST-HYPNOTIQUES.

Ces considérations sur l'amnésie servent à interpréter le mécanisme des suggestions post-hypnotiques. On appelle ainsi les suggestions faites pendant le sommeil provoqué pour se réaliser seulement après le réveil. Je puis aussi suggérer un acte, une émotion, une sensation, une hallucination post-hypnotique. Si je dis à un sujet endormi : « Au réveil vous aurez un accès de rire ou une crise de larmes », ces faits peuvent se réaliser chez lui. Si je dis : « Après votre réveil, vous trouverez un verre de champagne fictif sur la table, et vous le boirez » ; au réveil l'hallucination pourra avoir lieu. Si je dis : « À votre réveil, vous irez voler une montre sur la cheminée », il pourra commettre cet acte, croyant le faire spontanément. Je puis lui donner des hallucinations complexes. À son réveil, il entendra de la musique, il verra une musique militaire par la fenêtre, un soldat agiter un drapeau ; il criera : « Vive la France ! », un autre soldat entre dans sa chambre avec un gros chien ; il met le chien et le soldat à la porte, etc. Toute cette suggestion bizarre, le sujet la vit et la mime, comme si c'était la vérité.

Ce phénomène n'a rien d'extraordinaire, puisque nous savons que chez les sujets très suggestibles, la suggestibilité et l'hallucinabilité existent à l'état de veille ; et nous savons d'autre part que les souvenirs de l'état dit hypnotique ne sont pas éteints, mais latents, et que le sujet peut les revivifier. Si on lui fait une suggestion pour le réveil, il se suggère lui-même de ne pas l'oublier et se réveille, le souvenir conservé, c'est-à-dire l'idée à réaliser présente à la conscience sans qu'il en connaisse l'origine.

Mais cette suggestion post-hypnotique peut être faite pour une *échéance plus ou moins lointaine*. Au réveil, le sujet ne se souvient de rien. Il peut rester des jours et des semaines en apparence complètement ignorant de la suggestion faite ; au jour et à l'heure voulue, elle se réveille dans son esprit et se réalise.

Citons quelques exemples : À une jeune fille parente, très intelligente et instruite, qui était dans ma famille, très suggestible, que j'endormis un matin sur sa demande pour lui enlever un malaise nerveux, je dis pendant son sommeil : « Ce soir après le dîner, vous irez au piano, vous nous jouerez quelques morceaux et vous terminerez par la valse de Faust. » Le soir en effet, pendant qu'on était au salon, après le dîner, elle dit : « Je vais jouer un peu de piano. » Elle s'y dirige, allume les bougies, joue des classiques, puis tout d'un coup entonne la valse de Faust. Revenue à sa place, je lui demande : « Pourquoi avez-vous joué cette valse ? Aviez-vous l'idée préméditée de le faire ? » Elle dit : « Non, je n'y pensais pas, cela m'est venu tout d'un coup. Je ne sais pas ce qui m'a pris de jouer la valse de Faust ; je ne la joue jamais. » Elle fut bien étonnée quand je lui ai dit que c'était une suggestion.

Dans le cas suivant, la suggestion a été à une échéance beaucoup plus lointaine.

À une malade de mon service, excellente somnambule, je suggère : « Mardi prochain, en trois semaines, c'est-à-dire dans vingt-cinq jours, quand je passerai devant votre lit, à la visite du matin, vous verrez avec moi, mon collègue P..., adjoint au maire. Il vous demandera des nouvelles de votre maladie et vous lui causerez de choses qui vous intéressent. »

À son réveil, elle ne se souvient de rien ; et on ne lui en parle jamais.

Le mardi 15 janvier, à la visite, je m'arrête sans affectation comme d'habitude à son lit ; elle regarde à sa gauche et salue respectueusement. Après quelques instants, elle répond à une question fictive : « Je vais beaucoup mieux, je n'ai plus de douleurs. Malheureusement, mon genou reste luxé et je ne puis marcher sans appareil. » C'est une arthropathie tabétique. Elle écoute un nouveau propos de son interlocuteur fictif, puis répond : « Je vous remercie beaucoup. Vous savez que j'ai nourri les enfants de M.B..., adjoint au maire, votre collègue. Si vous pouviez me recommander à lui, il aiderait peut-être à mon placement dans un hospice. » Elle écoute encore, puis remercie, s'incline, et suit de l'œil le visiteur fictif jusqu'à la porte. « Saviez-vous, lui demandai-je, que M.P... viendrait vous voir aujourd'hui ? » — « Nullement », dit-elle.

Dans une de mes expériences, la suggestion a été faite pour une échéance de 63 jours.

Tous les sujets ne réalisent pas ces suggestions lointaines. Quelques-uns les réalisent seulement quand on les met sur la voie, quand on actionne l'imagination qui couve, pour ainsi dire, le souvenir, mais qui ne l'aurait pas laissé éclore spontanément. Ainsi en est-il de tous les souvenirs qui ont souvent besoin pour se faire jour d'une suggestion provocatrice. Voici une de mes expériences : j'avais suggéré à un de mes patients que dans 5 jours, quand je le ferais venir à la salle des conférences, il y verrait un sergent de son ancien régiment, que ce sergent l'accuserait de lui avoir volé sa montre, qu'ils se battraient et que lui serait renversé.

Au bout de 5 jours, je le fais venir à la table des conférences. Je le fais asseoir et je continue ma conférence devant les élèves ; il est un peu interloqué par la présence de tant de monde ; l'hallucination suggérée ne se manifeste pas. Après plusieurs minutes, j'essaie de les provoquer « Qu'est-ce que vous regardez donc là ? » dis-je. — « Ah ! répond-il, c'est un sergent de mon régiment. Il prétend que je lui ai volé sa montre. Je n'ai rien volé. » Il se lève, donne des coups de poing dans le vide, et tout d'un coup tombe comme assommé. Il faut que je l'aide à se relever. Il ne voit plus le sergent qui est parti.

7) INTERPRÉTATION DES SUGGESTIONS À LONGUE ÉCHÉANCE.

Comment interpréter ces phénomènes de suggestion à longue échéance ? Pendant des jours et des semaines, le sujet ne semble avoir aucun souvenir de la suggestion faite, il continue sa vie ordinaire comme si de rien n'était ; et le jour et l'heure venus, le souvenir renaît brusquement, comme une idée spontanée.

Les auteurs n'ont pu s'expliquer ce phénomène en apparence merveilleux, et qui semble revendiquer pour l'hypnose un caractère mystérieux.

Dira-t-on que dans cet état le cerveau a la propriété de recevoir l'empreinte de l'idée suggérée et de subir une modification comparable à celui d'un mécanisme à ressort monté ou tendu de façon à produire un échappement à un moment donné, comme un réveille-matin réglé pour sonner à une heure déterminée ? C'est une conception qui ne repose sur aucune donnée anatomique ou physiologique. L'explication me paraît beaucoup plus simple ; et le phénomène n'a rien de merveilleux, si on se rappelle le mécanisme des souvenirs latents, tel que je l'ai exposé.

Le souvenir de l'acte suggéré, ai-je dit, n'est pas effacé. Le sujet ne reste pas des jours et des semaines, sans se souvenir. Il s'en souvient en réalité tous les jours, non pas à l'état de conscience normale, quand on lui parle, quand son cerveau est actionné par un travail actif, extériorisé par le monde extérieur. Mais l'idée déposée dans le cerveau pendant le sommeil renaît et redevient consciente, chaque fois que la même concentration nerveuse, le même état de conscience, le même éclairage psychique, si je puis dire, se reproduisent. Alors le sujet concentré, passif, subjectif, revivifie l'image-souvenir et la revit consciemment ; il se souvient alors de l'ordre reçu, de la suggestion commandée ; il sait que tel phénomène doit s'accomplir tel jour, il se confirme dans l'idée de ne pas l'oublier et de le réaliser au moment voulu, comme le dormeur normal dans l'idée de ne pas manquer l'heure du réveil ; il cultive donc ce souvenir suggestif. Seulement quand je lui parle et que j'appelle de nouveau son activité nerveuse au-dehors, quand il redevient objectif, la concentration n'existe plus, il revient à son état de conscience normal, et l'image-souvenir est de nouveau latente. Nous avons vu combien il est facile souvent expérimentalement, par occlusion ou fermeture des yeux ou par simple modification dans l'intonation de la voix, de faire alterner instantanément ces deux états de conscience, avec souvenir ou avec amnésie. Ce qui se produit expérimentalement se produit aussi spontanément. Le sujet normal ne se souvient pas ; le sujet concentré se souvient ; et quand le somnambule a accompli l'acte suggéré, revenu à son état normal, il croit de bonne foi que l'idée de cet acte est spontanément, fraîchement éclose dans son cerveau ; *il ne se souvient plus qu'il s'en est souvenu.*

Voici deux expériences qui montrent la réalité de mon hypothèse.

À une somnambule de mon service, je dis pendant son sommeil : « Jeudi prochain, dans 15 jours, vous prendrez le verre qui est sur votre table de nuit et vous le mettrez dans la valise qui est au pied de votre lit. » Trois jours après, l'ayant de nouveau endormie je lui dis : « Vous rappelez-vous ce que je vous ai ordonné ? » Elle me répond : « Je dois mettre le verre dans ma valise, jeudi matin. » — « Y avez-vous pensé depuis que je vous l'ai dit ? » — « Non. » — « Rappelez-vous bien ! » — « J'y ai pensé le lendemain matin à 11 heures. » — « Étiez-vous endormie ou éveillée ? » — « J'étais assoupie. » Au réveil, plus aucun souvenir, ni de la suggestion, ni de la conversation.

À un sujet, je dis un matin, l'ayant endormi : « Demain matin, à la visite vous me demanderez si vous devez continuer à prendre du bromure de potassium. Vous me demanderez cela comme renseignement, sans savoir que c'est moi qui vous ai dit de me le demander. »

Le lendemain, en présence du docteur Auguste Voisin, j'avais oublié moi-même ma suggestion, et je quittais son lit, lorsqu'il me rappelle et me demande s'il doit continuer à prendre son bromure.

« Pourquoi me demandez-vous cela ? » — « Parce que je dois bientôt quitter l'hôpital, et que je désire savoir s'il faut continuer. » — « Pourquoi me demandez-vous cela maintenant, et non au moment de votre départ ? » — «Je ne sais. C'est une idée qui m'est venue. »

Alors, je l'endors de nouveau et je lui demande : « Pourquoi m'avez-vous demandé s'il fallait continuer le bromure ? » — « Pour savoir s'il m'était utile. » — « Mais pourquoi cette question ce matin ? » — « Parce que vous m'avez dit hier de vous le demander. » — « Avez-vous songé depuis que je vous ai dit cela hier matin dans le sommeil, que vous deviez me poser cette question ? » — « J'y ai songé cette nuit pendant mon sommeil. Je rêvais que j'avais mal aux jambes et que je devais vous demander s'il fallait continuer le bromure. »

Je le réveille et il ne se souvient de rien. L'idée de me faire cette question lui était venue, croyait-il, spontanément. Il s'agit d'un vrai phénomène de dédoublement de conscience qui sera étudié dans le chapitre suivant.

CHAPITRE 9

OBSERVATIONS DE SOMNAMBULISME PROVOQUÉ. — TYPES DIVERS. — DÉFINITION ET CONCEPTION DU MOT SOMNAMBULISME. — SOMNAMBULISME SPONTANÉ DU SOMMEIL AVEC OU SANS HALLUCINATIONS. — SOMNAMBULISME À L'ÉTAT DE VEILLE. — VIE SOMNAMBULIQUE. — CONDITION SECONDE. — DÉDOUBLEMENT DE LA PERSONNALITÉ. — CRIMES ET DÉLITS EN CONDITION SECONDE. — ÉTATS DIVERS DE CONSCIENCE DANS LA VIE HABITUELLE AVEC OU SANS AMNÉSIE.

1) OBSERVATIONS DE SOMNAMBULISME PROVOQUÉ.

Dans les chapitres qui précèdent nous avons analysé et cherché à interpréter les phénomènes divers que la suggestion peut réaliser. Nous allons compléter cet exposé par l'étude synthétique de quelques types de somnambulisme provoqué par la suggestion. Ces observations déjà anciennes ont été prises et publiées, il y a longtemps, à mes débuts expérimentaux, à l'époque où je faisais des sujets par le sommeil provoqué, où je croyais utile d'endormir pour exalter la suggestibilité. Aujourd'hui je réalise les mêmes phénomènes, les mêmes types de somnambules, sans suggestion préalable du sommeil. J'ajoute d'ailleurs que je ne fais plus, depuis longtemps, d'expérimentations, je ne fais plus la suggestion que dans un but thérapeutique.

Observation I. — X..., âgé de quarante ans, cantonnier, convalescent d'une commotion cérébrale avec fracture du rachis, n'a pas d'antécédents nerveux ; son intelligence est assez lourde, peu cultivée, mais suffisamment équilibrée. Avec un peu d'entraînement, j'arrive à le mettre en sommeil profond et, par suggestion, je prolonge son sommeil ; je l'ai laissé une fois dormir pendant seize heures consécutives. Je le mets en catalepsie générale ou partielle par suggestion ; il garde bras et jambes en l'air, aussi longtemps que je veux, rigides ; je produis le trismus ou l'extension forcée des mâchoires, je maintiens la tête fléchie sur la poitrine ou inclinée sur le côté en contracture irrésistible.

Il répond rapidement à toutes mes questions. À mon commandement, il se lève, se promène dans la salle, retourne à sa chaise ou dans son lit, les yeux fermés, en tâtonnant dans l'obscurité ; je lui dis qu'il ne peut pas marcher ; il reste cloué sur place ; je lui dis qu'il ne peut marcher qu'à reculons ; il recule et fait de vains efforts pour avancer.

La sensibilité est chez lui totalement abolie dans le sommeil ; une épingle traverse la peau sans déterminer de réflexes ; on chatouille ses fosses nasales, son arrière-gorge, on touche ses conjonctives, on l'électrise, il ne réagit pas. Je produis des perversions sensorielles ; je lui fais boire de l'eau pour du vin ; je lui fais avaler un gros morceau de sel pour du sucre, il le suce et trouve que c'est très doux. Cependant cette suggestion sensorielle ne réussit pas toujours parfaitement ; parfois il trouve que c'est doux, mais aussi un peu salé.

Je lui suggère des actes ; il danse, montre le poing, va fouiller par mon ordre dans la poche d'une personne que je lui désigne, en retire ce qu'il trouve, le cache dans son lit ; et une demi-heure après, toujours par mon ordre, l'y recherche, le remet dans la poche où il l'a pris, en faisant des excuses à la personne qu'il a volée.

Il accepte toutes les illusions, toutes les hallucinations que je lui suggère, soit immédiates pendant son sommeil, soit comme devant se réaliser après le réveil. Je le réveille instantanément en lui disant : « C'est fini. » Quelquefois il n'a aucun souvenir de ce qu'il a fait, dit et entendu. Ceci arrive surtout quand je lui suggère de ne rien se rappeler au réveil. Autrement quand je n'ai pas eu la précaution de faire cette suggestions souvent il se rappelle tout ; il a avalé du sucre (c'était du sel) ; il a marché, etc. Un jour je l'avais fait danser avec une cavalière fictive : je lui avais fait boire de la bière fictive ; puis je lui avais fait voir la sœur du service. Le lendemain, celle-ci me dit que le malade déraisonnait, qu'il racontait à tout le monde qu'il avait été la veille au soir au bal, que je lui avais offert une consommation et qu'il y avait rencontré la sœur. Le rêve suggéré pendant le sommeil était réalisé dans son imagination avec tant de netteté, que son souvenir au réveil s'imposait à lui comme une réalité. On peut d'ailleurs, sans l'endormir, à l'état de veille, réaliser chez lui toutes les suggestions.

Observation II. — C'est un malade de mon service, photographe, maigre, souffreteux, atteint depuis dix ans de titubation cérébelleuse due à une tumeur stationnaire, mais sans autre trouble nerveux ; l'intelligence est nette ; il est docile, doux, dort bien la nuit. Il y a trois ans, il aurait eu quelques accès de somnambulisme nocturne, ce qu'il constata par ce fait qu'il trouva sa besogne achevée le lendemain, sans se rappeler l'avoir faite. Depuis, il n'a plus rien constaté de semblable.

Après avoir été plusieurs fois endormi par M. Liébeault, il vient à la clinique. Il s'endort presque instantanément. Il est cataleptisable et presque insensible par suggestion ; il ne réagit pas à l'épingle, ne manifeste aucune douleur, si on tire des étincelles électriques de son corps ; seuls la nuque et l'occiput restent sensibles à l'étincelle ; il y accuse une sensation douloureuse qu'il se rappelle au réveil.

Je produis chez lui de la paralysie, de la contracture, des mouvements automatiques ; il imite ceux qu'il me voit faire. Je produis des illusions sensorielles, de la cécité unie ou bilatérale ; une épingle ou une lumière vive rapprochée de la cornée ne le fait pas sourciller.

Je détermine toutes les hallucinations de la vue ; il trouve sur une chaise un caniche imaginaire : il le touche, craint d'être mordu par lui ; j'évoque les images des personnes qu'il a connues ; je lui montre un fils qu'il n'a pas vu depuis huit ans ; il le reconnaît et reste comme en extase, en proie à la plus vive émotion, les larmes coulent de ses yeux.

Les illusions du goût sont tout aussi nettes ; je lui fais avaler du sel en quantité pour du sucre ; il trouve que c'est doux ; je barbouille sa langue avec du sulfate de quinine, lui disant que c'est très sucré, et cela immédiatement avant de le réveiller, en ayant soin de lui affirmer qu'il trouverait lé goût du sucre dans sa bouche. À son réveil, il perçoit ce goût. Je lui mets un crayon dans sa bouche, lui affirmant que c'est un cigare. Il lance des bouffées de fumée imaginaire et se croit brûlé quand je lui mets dans la bouche le bout soi-disant enflammé. Je lui dis que ce cigare est trop fort et qu'il va se trouver mal ; il est pris de quintes de toux, a des nausées, des expuitions aqueuses, des vertiges, et pâlit. Je lui fais avaler un verre de champagne fictif ; il le trouve fort ; je lui en fais avaler plusieurs. Je dis « L'ivresse est gaie. » Il chante avec des hoquets dans la voix. Je dis « L'ivresse est triste. » Il pleure et se lamente. Je le dégrise avec de l'ammoniaque imaginaire sous le nez ; il se retire en contractant ses narines et fermant les yeux comme suffoqué par cette odeur ; je le fais éternuer plusieurs fois par une prise de tabac imaginaire. Toutes ces sensations se succèdent instantanément ; aussitôt exprimées par moi, son cerveau les adopte et les réalise.

Enfin à mon ordre, il exécute tous les actes que je commande. Je lui fais voler une montre dans le gousset d'une personne ; je lui ordonne de me suivre pour la vendre ; je le conduis à la pharmacie de l'hôpital, boutique de brocanteur imaginaire ; il la vend au prix qu'on lui fait et me suit ayant l'aspect d'un voleur. Chemin faisant, je lui fais montrer le poing à un infirmier, faire le pied de nez à une religieuse. Tout s'accomplit sans hésitation.

Désireux de voir jusqu'où peut aller la puissance de la suggestion chez lui, j'ai un jour provoqué une scène véritablement dramatique. Je lui ai montré contre une porte un homme imaginaire et lui dis que cette personne l'avait insulté ; je lui donne un pseudo-poignard qui n'était qu'un coupe-papier en métal et lui ordonne d'aller le tuer. Il se précipite et enfonce résolument le poignard dans la porte, puis reste fixe, l'œil hagard, tremblant de tous ses membres. « Qu'avez-vous fait, malheureux ? Le sang coule. Il est mort. La police vient. » Il reste terrifié. On l'amène devant mon interne, juge d'instruction fictif. « Pourquoi avez-vous tué cet homme ? » — « Il m'a insulté. » — « Est-ce que quelqu'un vous a dit de le tuer ? » — « C'est M. Bernheim. » — Je lui dis : « On va vous emmener devant le procureur. C'est vous seul, de votre propre volonté, qui avez tué cet homme. Je ne vous ai rien dit. »

On le mène devant mon chef de clinique faisant fonction de procureur. « Pourquoi avez-vous tué cet homme ? » — « Il m'a insulté. » — « On ne répond pas à une insulte par un coup de poignard. Étiez-vous dans la plénitude de vos facultés intellectuelles ? On dit que vous aviez le cerveau dérangé parfois. » — « Non, monsieur ! » — « On dit que vous êtes sujet à des accès de somnambulisme ! Est-ce que vous n'auriez pas obéi à l'influence d'une autre personne qui vous aurait fait agir ? » — « Non, Monsieur, c'est moi seul qui ai agi de ma propre initiative parce qu'il m'a insulté. » — « Songez-y, Monsieur, il y va de votre vie. Dites franchement, dans votre intérêt, ce qui en est. Devant le juge d'instruction, vous avez affirmé que l'idée de tuer cet homme vous avez été suggérée par M. Bernheim. Vous connaissez bien M. Bernheim, vous allez à l'hôpital, où il vous endort. » — « Je connais M. Bernheim seulement parce que je suis en traitement à l'hôpital pour une maladie nerveuse. Je ne puis pas vous dire qu'il m'a dit de tuer cet homme, puisqu'il ne m'a rien dit. » Et le procureur improvisé ne put lui faire affirmer autre chose.

Revenu à son état normal, le malade croit avoir dormi paisiblement sur sa chaise et n'a aucun souvenir du drame terrible dont il a été l'auteur, des émotions violentes qu'il a subies. On le promènerait pendant des heures, en état de somnambulisme, les yeux ouverts, on lui imposerait les actes les plus bizarres, on le ramènerait ensuite à la place où on l'a transformé en somnambule pour le ramener à sa vraie nature, il ne se rappellerait absolument rien de ce qui s'est passé dans cette seconde vie somnambulique imposée par la volonté d'une autre personne. Je puis aussi créer chez lui des changements de personnalité, comme Richet en a cité des exemples. Je lui dis : « Tu as six ans, tu es un enfant, va jouer avec les gamins. » Le voilà qui se lève, saute, fait le geste de sortir des chiques de sa poche, les aligne convenablement, mesure la distance avec la main, vise avec soin, court les remettre en série et continue indéfiniment son jeu avec une précision de détails surprenants. Il joue de même à l'attrape, à saute-mouton, sautant successivement en augmentant chaque fois la distance par-dessus un ou deux camarades imaginaires.

Je lui dis : « Vous êtes une jeune fille. » Il baisse la tête modestement, ouvre un tiroir, en tire une sacoche, fait le geste de coudre. Quand il en a assez, il va à une table sur laquelle il tapote, comme pour jouer du piano.

Je lui dis : « Vous êtes général à la tête de votre armée. » Il se redresse, s'écrie : « En avant ! » et balance son corps comme s'il était à cheval.

Je lui dis : « Vous êtes un brave et saint curé. » Il prend un air illuminé, regarde le ciel, marche en long et en large, lisant son bréviaire, faisant le signe de la croix, avec un sérieux imperturbable et l'apparence de la réalité.

Je le transforme en animal : « Vous êtes un chien. » Il se met à quatre pattes, aboie, fait mine de mordre et ne quitte cette posture que quand je lui en ai donné une autre.

Dans tous ces changements de personnalité, le caractère propre du sujet se réveille, chacun joue son rôle avec les qualités qui lui sont personnelles, avec les aptitudes dont il dispose.

Notre sujet, qui est timide de son naturel et n'a pas la parole facile, joue le sien presque comme une pantomime, il parle peu. Quand on lui endosse une personnalité au-dessus de ses moyens, il essaie en vain de la réaliser. Un jour, je lui dis « Vous êtes avocat, vous avez la parole très facile. Vous êtes au tribunal. Voici l'accusé devant vous. Défendez-le. » Il se place debout, lève les bras et commence : « Le condamné que je dois défendre. » Le reste ne vient pas. Il balbutie, s'arrête honteux, laisse tomber la tête et s'endort comme épuisé par l'impossibilité de continuer son rôle.

La suggestion ne crée pas de nouvelles aptitudes.

Observation III. — X..., blanchisseuse, âgée de cinquante-quatre ans, est affectée d'ataxie locomotrice avec luxation par arthropathie du genou gauche, sans manifestation nerveuse. C'est une excellente somnambule, suggestible à l'état de veille et de sommeil. D'une intelligence remarquable, elle conçoit avec une mimique des plus expressives et s'identifie en vraie artiste avec les rôles qu'on lui suggère.

Voici une séance du 14 avril 1886, sténographiée dans tous ses détails : « Eh bien, lui dis-je, après l'avoir endormie, vous voilà bien gaie. Quand est-ce donc votre fête ? » — « C'est le 15 août. » — « C'est aujourd'hui le 15 août, votre fête. » — « Tiens, je ne le croyais pas. » — « Mais si, c'était hier le 14 août. Vous savez bien. » — « Tiens, la saison a marché bien vite. » — « Mais vous savez bien. Voyez, il fait beau temps. Le soleil brille, entendez les oiseaux qui sifflent, sentez les arbres en fleurs. » — « Ah ! Oui, c'est vrai. » — « Eh bien ! Puisque c'est votre fête, vous allez boire du champagne. Tenez ! » — Elle prend le verre fictif et avale le champagne en faisant des mouvements de déglutition, puis remet le verre sur la table. — « Cela pique », dit-elle. — « Et maintenant, vous êtes en ribote. » — « Déjà en ribote pour cela. Ah ! Ah ! Ah ! Eh bien ! Qu'est-ce que je fais ? Pour un petit verre, cela me monte à la tête ! Ouf ! Eh ! Eh ! » Elle rit, son faciès exprime l'ébriété, elle fredonne un air de chanson, rit de nouveau. — « Ah ! Ah ! Oh ! Cela n'est pas tous les jours fête ! C'est égal, ce n'est pas beau. On ne doit pas être en ribote comme cela ! » Elle rit : « Vous êtes gaie, Madame ! » — « Oui, Monsieur, c'est drôle. Oh là ! Écoutez les cloches. J'ai sommeil, cela alourdit le vin de Champagne, à la tête. » Elle retombe sur son oreiller, la tête illuminée.

« Allons, je vais vous dégriser. Voici de l'alcali. » Je mets ma main sous son nez. Elle se retire vivement, fronce les sourcils, renifle vivement. Je remets le flacon imaginaire sous son nez, elle se retire de nouveau, détourne ma main, tousse, paraît suffoquée : « Vous m'asphyxiez », dit-elle.

« Eh bien ! Vous voilà dégrisée. Vous êtes très bien. » Je lui donne alors la suggestion suivante pour le réveil : « Deux minutes après votre réveil, vous verrez une procession traverser la salle, un reposoir, le Saint-Sacrement, vous verrez Monseigneur, tout le clergé, les sœurs avec des cierges, tous les étudiants ; vous chanterez le Veni Creator. Puis deux infirmiers entreront et feront du scandale pendant la cérémonie. La procession terminée, vous vous endormirez de nouveau. Une minute après, vous vous réveillerez, et vous recevrez la visite de votre fils qui est à Bourbon-l'Archambault, avec son petit ; vous le trouverez grandi ; il montera dans votre lit et vous donnera des fraises ; vous en offrirez à ces dames. Quand ils seront partis, vous vous endormirez de nouveau, vous aurez la visite de M. B... (elle avait été la nourrice de son fils) ; il vous donnera des nouvelles de votre ancien nourrisson et vous offrira une prise de tabac. »

Aussitôt cette suggestion faite, je lui dis « À qui ce chien qui est sur votre lit ? » — « Tiens, c'est à ma sœur. » Elle le caresse. « Kiki ! Petit polisson, va ! Qu'est-ce qui t'a envoyé ? Où est ta maîtresse ? Tu la quittes comme cela ! Donne la patte ! Tu es bien gentil ! Tu veux du sucre, petit coquin. » Elle prend sa valise au chevet du lit, y cherche du sucre : « Gourmand, tu viens toujours pour chercher du sucre. Tu n'auras pas ce bout. C'est trop gros. » Elle casse le morceau, le lui donne et ajoute « Non, mon petit, tu sais. En voilà assez pour toi ; tiens, mange, polisson. » Elle le regarde croquer : « C'est bon cela. Va-t'en maintenant, va-t'en vite à ta maîtresse. Polisson, si tu te perds ? Il est tout bon, le petit chien. »

« Maintenant, lui dis-je, je vais vous ramener à l'âge de vingt ans, vous êtes jeune, vous êtes chanteuse, vous allez faire votre entrée au Casino et vous chanterez une chansonnette comique. » « Oh ! Ce n'est pas possible ! Vingt ans ! Mais je suis vieille. » — « Dans deux minutes vous serez transformée ! Vous aurez vingt ans. » Elle se recueille, et au bout de deux minutes « Que c'est joli, c'est magnifique. » Elle arrange son fichu, prend un air souriant « C'est très beau cela ; c'est splendide ! » Elle se redresse dans son lit : « Oh, oh ! Voilà le directeur. À qui donc ? » Et adressant la parole à une camarade imaginaire « Est-ce à toi ou à moi ? Est-ce ton tour ou le mien ? Allons ! Il faut bien que l'une de nous paraisse. Eh bien ! J'y vais. La sonnette ! Monsieur, qu'est-ce qu'il faut chanter ? Je ne sais pas ce qui est inscrit sur le répertoire. Oh ! N'importe quoi ! » Elle salue trois fois gracieusement, et chante avec gestes et intonations expressives : « Mes amours, je suis née en Bretagne, etc. » La chansonnette terminée, elle salue, fait une profonde révérence, puis tend la main pour saisir quelque chose qu'on lui offre. « Oh ! Le beau bouquet, le beau bouquet. Parce que c'est ma fête ! C'est gentil. » Et se tournant vers sa voisine : « Ah ! Tu as vu ? »

« Dans une minute, lui dis-je, vous serez un charretier ivrogne. » Elle se frotte les yeux, et, au bout d'une minute se dresse sur son séant, le tronc cambré en arrière, la main étendue, elle allonge un coup de fouet : « Allons ! Euh ! Allez ! Hue ! Hue ! Allons ! Hue donc ! Hou ! Hohe ! Heu ! Bu ! Vieille bique ! » Et prenant les brides imaginaires : « Vas-tu te coucher ! Allons ! Yoh ! Yoh! Uh ! C'est que je ne vais pas bien non plus. Eh ! Toi, là-bas, gamin, passe ton chemin. Hue ! Hue ! La vieille ! Attention, toi là-bas, laisse passer ma carriole ! SCH ! Euh! Eh bien ! Dépêchons-nous ! Eh ! Là, vieille bique ! Vous sentez l'avoine ! Cela ne fait rien. Je n'ai pas mal bu depuis ce matin. Ce n'est pas trop tôt ! Hue ! » Et regardant à gauche : « Sch ! Je vais arriver, je ne suis pas fâché ! » Je dis : « Paies-tu quelque chose ? » — « C'est toi, Grandjean ! Qu'est-ce que tu veux que je paie ? Je ne suis pas riche. Allons-y tout de même. Je paie un petit verre, si tu veux. Tiens ! Un mastroquet ! Entrons chez lui. Oh ! Ioh ! Reste là, vieille bique. Dépêchons-nous ! Qu'il ne s'en aille pas ! J'aurais un procès-verbal. Garçon, deux petits verres. » Elle trinque et vide son verre fictif : « Allons, ma vieille, tu ne renouvelles pas ! Une autre fois ! Au revoir, mon vieux, à la prochaine fois, à la revoyance ! »

Et tout cela dit avec une intonation de voix à défier le plus vrai des charretiers.

« Et maintenant, lui dis-je, vous voilà grande dame dans votre carrosse, avec votre laquais. »

Elle prend un air digne, grave, dédaigneux, s'adosse sur son siège, se recouvre soigneusement avec la couverture de son lit, croise les bras avec majesté, et d'une voix brève et aristocratique : « Quel joli temps ! Temps splendide ! Joseph ! Conduisez-moi jusqu'à la cascade. Faites attention ! Allez au pas ! » Elle salue de la main, sourit à diverses personnes : « En voilà du monde ! » Elle reste silencieuse, hautaine pendant deux minutes. Puis : « Ah, retournez, faites attention. »

Je dis : « Les chevaux s'emballent. » Elle : « Faites attention donc ! Voyons, Joseph ! Faites attention ! Ah ! retenez-les ! Oh ! Oh ! Je vais descendre. Dépêchez-vous ! Retenez-les bien vite. Je ne comprends pas que vous ne fassiez pas plus attention. Calmez vos chevaux ! Arrêtez ! Arrêtez ! Cela n'est pas malheureux ! Allons ! Rentrons ! Dépêchons-nous ! C'est tout ce bruit qui les a effrayés. Je ne comprends pas que vous ne fassiez pas plus attention. Je vous renverrai si vous ne vous conduisez pas mieux. »

Je la transforme en caporal : « Ah ! caporal ! Quel régiment donc ? Je suis une femme. » — « Vous allez être transformée en homme et en caporal. Tous vos hommes sont là ! Vous êtes à leur tête ! » Elle attend une minute pour évoquer son rôle. Puis, se redressant : « Voyons donc, conscrits. Tenez-vous mieux que cela. Levez la tête ! Allons ! Alignement ! Là ! Bien ! Attention au commandement ! Portez arme ! Arme au bras ! Arme sur l'épaule gauche ! Allons ! Alignement ! Ne restez pas en arrière, vous ! Redressez-vous. Si vous ne vous tenez pas mieux, je vous mets à la salle de police. Une, deux ! Une, deux ! Allez donc ! Voilà un triste métier. Bestiales, faites donc attention ! Oh ! Allez ! Allez ! Ah ! Haussez les épaules, tas de bestiales ! On a un mal de loup pour apprendre à ces ânes-là ! Comprennent rien ! Allons ! Marchons au pas ! Là, tambour, allez ! Il y en a assez. »

« Maintenant, dis-je, mangez cette orange. Puis un ange viendra vous souffler sur les yeux pour vous réveiller. » Elle prend l'orange fictive, la pèle avec soin, met la pelure sur la table de nuit, en savoure les tranches avec délices, suce le jus, crache les pépins, prend son mouchoir pour s'essuyer la bouche, le remet en place, puis tourne ses yeux fermés en l'air, et les ouvre, la figure illuminée ; elle continue à regarder en l'air, cherchant l'ange qui l'a réveillée.

« Qu'est-ce que vous regardez ? » — « Rien. Je ne sais. » — « Avez-vous dormi ? » — « J'ai dormi, je n'en sais rien. » Au bout de deux minutes : « Oh ! Oh ! Regardez donc la jolie procession. » — « C'est un rêve, lui dis-je que je vous ai donné. Il n'y a rien. » Elle ne répond pas et continue à regarder, l'air étonné : « Le reposoir en face de moi ! Monseigneur ! Le vicaire ! L'aumônier ! Toutes les chères sœurs avec des cierges ! Les étudiants ! » J'ai beau lui dire que c'est un rêve, elle ne me répond pas. — « On va donner la bénédiction ! On entonne le Veni Creator ! C'est magnifique, très beau ! » Elle accompagne mentalement. Puis elle croise les mains, prie, fait le signe de la croix. Elle salue avec humilité : « Merci, Monseigneur ! » Puis regardant brusquement autour d'elle, l'air courroucé : « Psch ! Voulez-vous ! Voulez-vous vous en aller ! Est-ce le moment de faire du scandale ? Regardez donc ces infirmiers qui sont ivres ! Allez-vous-en bien vite. Ce n'est pas honteux, la procession à peine terminée, de venir faire du scandale ! » C'est honteux ! Chut ! Oh ! Cela vous va bien, allez ! Allez-vous-en ! Je ne veux rien savoir de vous. Vous croyez que cela se passera comme cela.

On saura tout ce que vous avez fait. La supérieure va vous chasser. » Elle regarde du côté de la porte, salue : « Elle est partie, la bénédiction ? »

Toute cette scène se déroule avec une vérité imposante. Comme dans le rêve, les incidents évoluent régulièrement, mais beaucoup plus vite que dans la réalité.

La somnambule se rendort. Au bout d'une minute, elle se réveille et regardant à droite, du côté de la porte, prend un air étonné et ravi. Elle tend les bras, embrasse le vide et s'écrie avec une profonde émotion : « Bonjour, mon garçon ! Quelle surprise ! Pourquoi ne m'as-tu pas prévenue ? Oh ! Comme il est grandi ! Regardez-le ! Comme il monte sur mon lit, le trésor ! Ah ! Il est grand. » Elle l'embrasse deux fois et le prend dans ses bras. Et, avec tendresse : « As-tu vu, le polisson, comme il est monté sur mon lit ! » S'adressant à son fils fictif : « Comment se fait-il que tu es venu aujourd'hui, Paul ? » Elle l'écoute, puis répond : « Ah ! Oui. Tiens ! Un panier de fraises. C'est une primeur. » Elle rit, heureuse, goûte une fraise : « Voulez-vous me permettre de vous en offrir, dit-elle à deux dames présentes en tendant le panier imaginaire. Elles sont très bonnes. Vous voulez déjà partir. Cela valait bien la peine. » Elle embrasse de nouveau son fils et son petit-fils « Embrassez Gabrielle pour moi. Adieu, mon mignon ! » Elle le suit de l'œil jusqu'à la porte, l'air ému, en continuant à lui envoyer des baisers. Elle se rendort une troisième fois. — Réveil après une minute. Elle regarde vers la porte, l'air étonné : « Tiens, monsieur B... Bonjour, monsieur B... On va bien chez vous ? Tant mieux ! Et mon petit Louis ? Je l'appelle toujours petit Louis, parce que je l'ai connu si petit, et il est grand maintenant ! J'ai le rhume ! Oui une bonne prise de tabac ! C'est entendu ! Cela fait du bien ! » Elle fait le geste de priser, éternue deux fois, se mouche : « Oh ! Merci, monsieur ! Mes compliments à Madame. Vous embrasserez Louis pour moi. » Elle suit de l'œil, puis : « C'est trop court, ces visites. De tout cela, il ne reste que le plaisir d'avoir vu. »

Je lui affirme que tout cela était un rêve suggéré, que la procession, la visite de son fils, celle de M.B..., n'ont existé chez elle qu'en imagination. Elle n'en veut rien croire : « Puisque je les ai vus, je les ai touchés, comme je vous vois, comme je vous touche ! » Pour terminer, je la rendors et je suggère l'amnésie de toutes les impressions suggérées. Au réveil, elle ne se souvient plus de rien.

C'est la meilleure des somnambules que j'ai eue, remarquable par sa mémoire, la conception rapide de son imagination, son art de réalisation, sa puissance d'extérioration ; c'est une véritable artiste, virtuose en somnambulisme, et d'une sincérité parfaite. Elle ajoute son auto-suggestion personnelle à la suggestion que je lui impose ! Elle joue sa comédie de bonne foi, hallucinée par son imagination créatrice, subissant l'émotion de ses rôles auxquels elle s'identifie.

Observation IV. — S..., âgé de vingt-neuf ans, est un ancien sergent, actuellement ouvrier aux hauts fourneaux, qui a été endormi à plusieurs reprises par M. Liébeault. Blessé à Patay par un éclat d'obus au cuir chevelu, il porte sur la tête une cicatrice profonde ; il a eu une cystite consécutive à un rétrécissement de l'urètre, dont il est guéri. Son intelligence est nette ; il n'a pas d'antécédents nerveux, dort bien, n'a pas d'accès de somnambulisme spontané. Je constate chez lui une analgésie presque générale, insensibilité à la douleur, sans anesthésie ; la sensibilité tactile est conservée. Peut-être ce phénomène est-il consécutif aux hypnotisations répétées qu'il a subies.

Il ferme les yeux, aussitôt qu'on lui suggère de dormir ; il répond à toutes les questions : « Dormez-vous ? » — « Un peu. » — « Dormez profondément ! » Après quelques instants, je demande : « Dormez-vous très profondément ? » Il dit « Oui. » Est-ce le sommeil ou l'illusion du sommeil ? Anesthésie, catalepsie rigide, mouvements automatiques, hallucinations, obéissance passive, tout s'accomplit ponctuellement, avec la précision d'un ancien militaire.

Je lui dis : « Vous êtes en 1870, sergent à la tête de votre compagnie ; vous êtes à la bataille de Gravelotte. » Il réfléchit un instant, comme pour revivifier ses souvenirs qui renaissent et deviennent images. Il se lève, appelle les hommes de sa compagnie, commande, marche, les dispose pour l'action, comme si l'ennemi était là ! Il se couche, épaule son fusil, tire plusieurs fois de suite, ranime le courage de ses hommes : « Allons, courage ! Abritez-vous derrière ce buisson ! Allons ! Il faut nous retirer ! C'est la retraite ! » Et il exécute avec ses hommes toutes les péripéties de la lutte, telles que son imagination les lui retrace.

Ou bien, je le remets en souvenir au combat de Patay, où un éclat d'obus l'atteint au crâne. Il tombe, reste sans proférer un mot, porte la main sur sa tête, ne bouge pas. Puis il revient à lui, demande le médecin, se sent porté à l'ambulance, appelle un médecin pour qu'on le panse.

S..., en revivant cette partie de son existence, a pour ainsi dire deux personnalités simultanées : il fait à la fois les questions et les réponses, il parle pour lui et pour les autres, comme s'il faisait un récit. Je le transfère à Dijon où il était en garnison : « Tiens ! caporal Durand ! Comment vas-tu ? » — « Pas mal et toi. D'où viens-tu, comme cela ? » — « Je viens de congé ! J'étais à Saverne ! Et toi, A..., toujours le même ! » — « Je ne change guère. » — « Tu es toujours en salle de police. » — « Plus souvent qu'à son tour ! » — « Allons au café prendre un bock ! » Il cherche des chaises, prie ses camarades de s'asseoir, appelle le garçon, commande des bocks et cause avec ses compagnons parlant à la fois pour lui et pour eux.

Je lui dis : « Où êtes-vous ? » — «Je suis à Dijon. » — « Qui suis-je moi ? » — « Vous êtes le docteur Bernheim. » — « Mais je ne suis pas à Dijon ! Vous êtes à l'hôpital de Nancy ! » — « Mais non, puisque je suis à Dijon ! Voilà mes camarades ! Je ne vous connais pas. » Je lui fais voir son ancien colonel, le général Vincendon. Il se lève, salue : « Bonjour, mon colonel ! » — « Bonjour, mon garçon ! Toujours le même ! Tu es guéri de ta blessure ! Tu n'as pas de médaille, pas de pension ? » — « Non, mon colonel. »

Revenu à son état normal, tout souvenir est éteint. Dans ce type de somnambulisme, le sujet évoque bien son ancienne existence, l'hallucination existe ; mais comme certains rêveurs dans le sommeil naturel, il n'est pas identifié avec son rôle, il n'en subit pas l'émotion ; il est blessé par l'éclat d'obus, sans manifester d'anxiété ; sa respiration n'est pas haletante, son pouls ne bat pas plus vite. Il ne perd pas le sentiment de son identité ; il est à la fois à Nancy et à Dijon, et ne s'aperçoit pas de la contradiction ; il parle à ses interlocuteurs et fait leurs réponses ; il est à la fois spectateur et acteur.

Ainsi en est-il souvent dans nos rêves ! La conscience de l'identité peut persister plus ou moins confuse à côté du rêve, sans que le rêveur soit frappé par la contradiction.

La suggestion expérimentale ne fait que répéter les phénomènes d'auto-suggestion normale du sommeil.

Observation V. — C'est une jeune fille hystérique, à crises, avec paraplégie rigide nerveuse ; mais en dehors de ses crises, intelligente, raisonnable, calme et mesurée dans ses paroles et ses actes. Elle s'endort facilement.

Voici la relation d'une séance : « Dormez-vous ? » Elle ne répond pas. J'insiste, elle finit par répondre : « Mais non, je ne dors pas. » — « Où êtes-vous ? » — « Je suis dans la rue. » — « Où allez-vous ? » —

« Je vais chez ma mère. » — « Où demeurez-vous ? » — « Rue de l'Étang, chez ma mère. » Un instant après : « Où êtes-vous maintenant ? » — « Vous voyez bien, place de la Gare. » Tout à coup, elle a une secousse violente qu'elle explique plus tard à son réveil par un monument qu'elle a vu s'ébranler et la peur qu'elle a eue d'être écrasée. — « Eh bien ! Dis-je, vous voilà chez votre mère ! Comment vas-tu, Marie ? » — « Cela va mieux », dit-elle, croyant répondre à sa mère. — « Tu es toujours à l'hôpital ? » — « Non, je suis sortie, je suis presque guérie. On m'électrise. » — « Tu serais bien gentille, dis-je, si tu voulais m'aider à repasser ce linge. » — « Ah ! Tu m'ennuies, répond-elle croyant que c'était sa mère qui avait parlé, je ne suis pas venue pour travailler. » Elle finit cependant par obéir au désir de sa mère ; alors elle tire son drap de lit, fait le geste de le mouiller, de l'empeser, prend le fer à repasser fictif, tâte pour voir s'il est chaud, repasse avec un soin parfait dans tous les sens, plie le drap en plusieurs doubles. — « Maintenant, dis-je, tu feras bien de raccommoder ce bas ? » Elle arrange son drap de lit en forme de bas, fait le geste d'y mettre une boule, prend une aiguille à tricoter, reprise maille par maille, retourne son bas, fait des mailles en sens contraire, etc. Je la fais coudre, elle fait un ourlet au drap qu'elle a sous la main, met son dé à coudre, fictif, et coud son ourlet, enfonçant l'aiguille fictive, retirant le fil, remplaçant l'aiguille qui ne pique plus par une autre, le tout avec une apparence saisissante de réalité.

« Tu as assez travaillé pour ta mère, dis-je. Allons-nous promener. » Elle me prend pour son amie Louise. — « Je veux bien », dit-elle. — « Allons-nous baigner. Il fait chaud », dis-je. Elle croit venir avec moi, décrit les rues où elle passe, les personnes qu'elle voit. Je frappe trois coups sur la table. « Qu'est-ce que c'est ? » Dis-je. — « Ce sont des hommes qui cassent des pierres. » Nous arrivons au bain. Elle fait geste de se déshabiller, croit être dans l'eau, grelotte, fait avec ses mains étendues des mouvements réguliers de natation, etc.

Si je continue à la laisser dormir sans m'occuper d'elle, elle continue spontanément son rêve. Une fois, après l'avoir abandonnée quelques minutes, je la vois travailler activement, mimant de laver du linge, le retirant du cuveau, le plongeant dans l'eau, le savonnant sur une planche, le replongeant dans l'eau, puis le tordant vivement pour en exprimer l'eau, etc.

Aussitôt réveillée, elle me raconte tous les détails de son rêve ; elle est rentrée chez elle, passant place de la Gare où elle a eu une épouvante, elle a vu sa mère qui lui a dit telle chose, etc. Mes élèves ayant chanté doucement pendant son sommeil ; ce sont des musiciens ou des mauvais chanteurs qu'elle a rencontrés en chemin. J'ai beau lui dire : « Mais c'est un rêve ! Vous avez dormi ! Vous n'avez pas quitté votre lit. » Elle n'en croit rien : le rêve lui apparaît comme une réalité.

Pendant son sommeil, je puis diriger ses rêves, mais sans pouvoir la ramener à la conscience de ce qui existe. Je lui dis : « Vous dormez ? » — « Mais non, » me dit-elle. — « Mais vous êtes paralysée, vous ne pouvez pas marcher. » — « Vous voulez vous moquer de moi ! Puisque je suis levée et que je marche ! »

Je lui ai dit plusieurs fois avant la suggestion de sommeil « Rappelez-vous pendant votre sommeil que vous dormez, que le docteur Bernheim est à côté de votre lit, que vous êtes paralysée. » À un moment donné ses yeux se fermaient. Le souvenir de la réalité était envolé : elle était convaincue qu'elle ne dormait pas, qu'elle n'était pas paralysée, qu'elle marchait, que j'étais son amie ou sa mère. Dans ce cas, on le voit, le sujet avait des rêves spontanés qu'on pouvait diriger ou modifier à son gré, sans pouvoir réveiller le sentiment de la réalité, un état de conscience somnambulique.

Dans l'observation suivante, le sujet abandonné à lui-même, tombe aussi dans des rêves spontanés ; mais le sentiment de la réalité persiste.

Observation VI. — C'est un homme de vingt-sept ans, gastralgique, très suggestible, hallucinable.

Si je suggère le sommeil, il entre en rêves spontanés. Un jour, il reste fixe, tremblant, la figure épouvantée. « Il vient ! Le voici ! » — « Qui donc ? » — « Le tigre ! Le voyez-vous là-bas ? » Il se croit dans le désert et aperçoit un tigre qui vient à lui. Une autre fois, il se croit à Bar-le-Duc, chez son frère qui est marchand de bois : il l'accompagne sur son chantier et cause affaire avec lui. Je lui dis : « Vous êtes à Nancy, place Stanislas. » Il s'y croit en effet et me raconte tout ce qu'il voit dans la promenade que je fais parcourir à son imagination.

Malgré son rêve, il a conservé le sentiment de la réalité ; il sait qui je suis, il sait qu'il dort ! Il est à la fois endormi à Nancy et éveillé dans un chantier à Bar-le-Duc ; la contradiction ne le touche pas. Sa conscience réelle n'est pas effacée par les divagations hallucinatoires de son imagination.

Le somnambulisme peut exister sans hallucinabilité. Tel est le cas de l'observation suivante

Observation VII. — Mme de X..., âgée de cinquante-six ans, est fort intelligente ; elle souffre depuis de longues années de gastrite chronique avec dilatation d'estomac. Je l'endors facilement par occlusion des paupières maintenue pendant une minute. Est-ce le sommeil vrai ou son illusion ? Elle présente un certain degré de catalepsie suggestive ; elle maintient ses bras en l'air quelque temps, mais finit par les baisser spontanément. Je puis aussi communiquer l'automatisme rotatoire aux membres supérieurs en lui disant : « Vous ne pourrez plus les arrêter. » Mais le mouvement imprimé ne dure pas plus d'une dizaine de secondes. Je ne puis pas provoquer chez elle de contracture, ni d'anesthésie, ni de suggestion sensorielle. Si je lui dis, par exemple « Entendez la musique », elle n'entend rien. Si je veux lui faire avaler une potion fictive, elle dit : « Vous savez, docteur, cela ne prend pas chez moi. »

Elle conserve beaucoup de spontanéité dans cet état de conscience qu'elle croit sommeil, discute avec moi, m'initie à tous les détails de sa maladie, ou me parle de choses étrangères ou mondaines : « Est-ce que j'ai songé docteur, à vous inviter à prendre le thé tel jour, etc. » Si elle entend la femme de chambre dans la pièce voisine, elle me fait des réflexions sur son compte. Elle se comporte absolument comme une personne éveillée, mais elle affirme qu'elle dort, et en a la conscience. Je n'ai jamais pu lui donner d'illusion sensorielle, ni d'hallucination bien nette. Un jour cependant, je lui ai fait entendre au réveil de la musique militaire ; elle la perçoit lointaine et assez vague. Certaines suggestions d'actes pour le réveil sont réalisées. Un jour, je lui dis, par exemple : « Quand vous serez réveillée, vous quitterez le fauteuil sur lequel vous êtes ; et vous irez vous asseoir sur le fauteuil en face. » Une fois réveillée, elle regarde autour d'elle et dit : «Je ne sais pas, mon salon n'est pas en ordre aujourd'hui ; je ne suis pas bien sur ce fauteuil. » Et elle va, docile à la suggestion, sur le fauteuil en face. Elle cherche à s'expliquer ainsi à elle-même le besoin qu'elle a de changer de place.

Je puis aussi lui suggérer certains actes du même genre pendant le sommeil, je lui dis par exemple : « Dans trois minutes, vous irez vous asseoir sur le canapé, et quand vous y serez pendant une minute, vous vous réveillerez. » Elle obéit avec précision.

Au milieu de la conversation la plus animée, je la réveille brusquement en disant : « Réveillez-vous ! »

Elle ne se souvient absolument de rien. Tout est effacé. Elle ne sait pas combien de temps elle a dormi. Quelquefois un seul fait survit dans son souvenir par auto-suggestion. Elle me dit un jour : « Vous m'avez demandé pendant mon sommeil, si j'ai toujours des renvois aigres avec sensation de brûlure. Je me suis dit alors : « Il ne faut pas que j'oublie cela à mon réveil, » pour demander au docteur quelle source de Vichy je dois prendre. » Ainsi elle s'était suggéré pendant son sommeil de conserver ce souvenir ; tous les autres étaient effacés. D'ailleurs, en lui disant avant le réveil : « Vous ne vous souviendrez absolument de rien », j'éteins absolument tous les souvenirs, même ceux dont elle aurait eu à de certains moments l'initiative de se suggérer la conservation.

La conscience somnambulique n'était caractérisée dans ce cas que par l'illusion d'un sommeil, dont aucun symptôme n'existait, et l'amnésie consécutive à cette illusion.

2) DÉFINITION ET CONCEPTION DU MOT SOMNAMBULE.

Ces observations montrent que chaque sujet est une individualité suggestive, qui a sa psychologie, sa façon d'être et de réagir avec son corps et son esprit. Même alors qu'il est conduit par son imagination faussée, par des impressions, des instincts, des hallucinations qui égarent son contrôle, il n'est ni inconscient ni automate ; il n'y a pas d'automatique hypnotique ou somnambulique ; il y a des états de conscience faussée, artificiellement ou spontanément.

Qu'est-ce en réalité qu'un somnambule ? Le mot est difficile à définir. L'étymologie du mot veut dire dormeur qui marche. On a vu de tout temps des sujets se livrer pendant le sommeil à des actes divers, raisonnables ou non, par exemple travailler, écrire, coudre, tricoter, des enfants faire leur devoir, des bonnes balayer l'appartement ou laver la vaisselle ; ou bien, sous l'influence d'impulsions ou de rêves, commettre des vols, des actes délictueux, et au réveil, n'avoir plus le souvenir de tous ces faits. Tel est le *somnambulisme naturel*.

Expérimentalement nous avons vu des sujets, sous l'influence de la suggestion, se lever, agir, marcher, obéir, puis revenus à eux, ne pas se souvenir. C'est le *somnambulisme artificiel* ou *expérimental !*

Le somnambulisme est-il une cérébration inconsciente automatique, comme on le dit ?

Nous avons vu que les *actes du somnambule par suggestion sont conscients* et qu'on peut en réveiller le souvenir. Le somnambule naturel qui écrit, compose, ou celui qui fait des travaux de ménage, lave, coud, tricote, n'agit pas davantage en automate ; ces travaux exigent une application intellectuelle et manuelle raisonnée et ne sont pas du domaine de la vie végétative inconsciente. L'amnésie n'implique pas l'inconscience.

Le somnambule est-il simplement un dormeur actif, qui réalise non pas seulement en imagination, mais en action, ses conceptions auto-suggestives, ou les suggestions d'autrui ? Cette définition est vraie dans une certaine mesure ; mais elle est peut-être incomplète. De même que l'état de suggestion n'est pas toujours l'état hypnotique, de même l'état *somnambulique n'est pas toujours un sommeil.* Quand un sujet, dans son sommeil, se lève, ouvre les yeux, va à sa table, écrit ou se livre à d'autres travaux, quand il se promène, répond à toutes mes questions, je ne puis affirmer qu'il dorme ; il n'a ni l'apparence ni les symptômes du sommeil ; je crois qu'il est réveillé, mais il reste dans un autre état de conscience ; il peut continuer son rêve hallucinatoire, éveillé ; ou bien il peut continuer à réaliser l'idée que le sommeil avait évoqué dans son cerveau, finir son travail, prendre un objet dans l'armoire, faire un tour de promenade ; il reste sous l'influence de la suggestion, dominé par elle, tout éveillé qu'il l'est, n'ayant pas son contrôle absolu. Quand ce rêve ou cet état de suggestion est terminé, et que l'état de conscience normale est revenu, il a perdu le souvenir et croit être seulement sorti de son sommeil.

Il est de même dans le somnambulisme expérimental. Nous avons vu que le sommeil suggéré n'est pas nécessaire pour produire un état de suggestibilité, avec des hallucinations complexes prolongées, et que l'amnésie peut succéder à cet état, alors même qu'il n'y a pas eu de sommeil.

Dira-t-on que le somnambulisme c'est l'état *hallucinatoire actif,* le *rêve en action* réalisé par le sujet ? Il est des somnambules qui ne sont pas hallucinés, qui marchent, écrivent, obéissent à une idée raisonnable qui les fait agir. La dame de notre dernière observation n'avait pas d'hallucinations ni spontanées ni provoquées pendant son somnambulisme artificiel ; ses yeux étaient fermés, mais elle conversait comme une personne éveillée. En réalité, elle n'était pas dans un état de sommeil, mais dans un état de suggestion ; elle croyait dormir, parce que je le lui avais suggéré ; elle avait de l'amnésie après, parce qu'elle croyait avoir dormi et se suggérait l'amnésie.

L'hallucination active, le rêve en action ne constitue donc pas le critérium du somnambulisme.

L'état somnambulique n'est qu'un autre état de conscience, créé par l'auto-suggestion émotive, ou par une hétéro-suggestion, chez un sujet qui ne dort pas et conserve sa mobilité et sa spontanéité, avec ou sans hallucination. Il peut succéder au sommeil naturel, comme une suggestion ou un rêve post-hypnotique ; il peut être créé artificiellement ; toute suggestion active, accomplie par un sujet est en réalité un état de somnambulisme ; il peut se produire spontanément à la suite d'une impression morale vive et suggestive qui crée une image, une idée, et atténue le contrôle.

Le somnambulisme n'est qu'une représentation mentale extériorisée, avec action corrélative ; il est passager, curable par la psychothérapie ; car il ne répond qu'à un pur dynamisme psychique. Il diffère du délire et de l'aliénation mentale qui sont des maladies, qui produisent des aberrations persistantes, rebelles à la suggestion, entretenues par une lésion organique ou toxique de cerveau. Il en diffère comme le rêve normal du sommeil ou de la veille diffère du délire.

3) SOMNAMBULISME SPONTANÉ DU SOMMEIL, AVEC OU SANS HALLUCINATIONS.

Le somnambulisme spontané se développe surtout dans le sommeil naturel ; c'est un rêve en action, une auto-suggestion active avec ou sans hallucinations.

Les somnambules nocturnes spontanés ont tantôt les yeux fermés, tantôt les yeux ouverts, comme les somnambules expérimentaux. Il en est qui sont tellement absorbés par leur idée fixe ou concentrés dans les actes qu'ils accomplissent, que leurs sens sont étrangers à toute impression extérieure. Un étudiant en pharmacie dont l'histoire est relatée par A. Bertrand fut surpris en somnambulisme au moment où il traduisait de l'italien en français et cherchait les mots dans un dictionnaire, comme il l'eût fait dans son état normal ; il paraissait se servir d'une lumière placée près de lui. Les personnes présentes éteignirent cette lumière. Le somnambule parut se trouver dans l'obscurité ; il chercha en tâtonnant sa chandelle sur la table et fut la rallumer à la cuisine. Or, au moment où il se croyait ainsi dans l'obscurité, il était réellement dans une chambre éclairée, mais par des chandelles différentes de celle qu'on avait éteinte. Il l'avait vu éteindre et croyait qu'elle était unique. Il n'entendait aussi que les conversations en rapport avec ses propres pensées indifférent aux autres. Ce sont là de vraies hallucinations négatives par auto-suggestion.

Le somnambulisme nocturne hallucinatoire peut être dangereux et déterminer des *actes criminels*.

Tel est le cas relaté par Fodéré d'un jeune religieux somnambule qui rêva une nuit que le père prieur avait tué sa mère dont l'ombre sanglante lui apparut pour demander vengeance. Il s'arma d'un grand couteau, courut à l'appartement du prieur qui heureusement n'était pas encore couché et, assis sur son bureau, le vit, les yeux hagards, frapper trois grands coups de couteau dans le lit, qui percèrent la couverture et le matelas, puis retourna se coucher. Au réveil, il se souvient bien d'avoir eu ce rêve terrifiant, mais croyait que ce rêve avait été simplement passif et ne se souvenait pas qu'il avait commis l'acte en réalité.

Hack Tuke rapporte le cas d'une enfant de douze ans, qui ayant eu une querelle dans la journée avec une de ses compagnes, se leva pendant la nuit, se rendit à son lit, la frappa violemment jusqu'à ce que des personnes, attirées par ses cris, la tirassent de son état de somnambulisme.

Une jeune femme de vingt-cinq ans, dont Lapponi[1], de Bologne, raconte l'histoire, quarante jours après son accouchement, se leva la nuit, prit son enfant, alla avec lui dans une mare où elle le jeta ; il fut noyé. Elle se réveille alors, et tout étonnée de se trouver dans l'eau, sans se rappeler qu'elle y était venue, et venait d'y jeter son enfant ; elle en sortit à peine et se trouvant près de la maison paternelle, s'y rendit au grand étonnement de sa mère. Une fois déjà à l'âge de seize ans, elle s'était levée dans la nuit et réveillée dans une habitation voisine. À quel délire, à quelle hallucination cette malheureuse avait-elle obéi, en tuant son enfant ?

4) SOMNAMBULISME À L'ÉTAT DE VEILLE.

Le somnambulisme peut aussi se réaliser sans sommeil ; et ceci arrive surtout à la suite de grands chocs émotifs, de l'hystérie par exemple. Voici deux exemples

Damaschino publie la longue observation d'une jeune fille de vingt-cinq ans qui déjà jeune enfant était nerveuse et avait des convulsions. À l'âge de trois ans, on la trouvait la nuit jouant avec ses poupées. Plus tard elle faisait des excursions nocturnes, montant aux étages supérieurs et même sur les toits. Une fois elle part la nuit de la rue Vandamme à Montparnasse et se réveille dans un petit bois de Versailles, fort effrayée de se trouver dans un endroit qu'elle ne connaissait pas, vêtue d'une jupe très légère, les cheveux épars, les pieds nus. Elle s'adressa à des agents qui la ramenèrent. À l'âge de treize ans et demi, elle avait eu de fréquentes attaques de nerfs.

Dans l'observation suivante, publiée pas Mesnet, c'est à la suite d'un choc cérébral d'origine traumatique que les accès de somnambulisme se sont déclarés.

Un homme de vingt-sept ans, reçut, à Sedan, une balle qui fractura le pariétal gauche. Presque immédiatement après survint une hémiplégie qui guérit, ne laissant que de légères traces, au bout d'un an. Depuis sa blessure, étant prisonnier à Mayence, il resta sujet à des accès de somnambulisme, qui persistèrent après la guérison de l'hémiplégie. Elles surviennent à des intervalles de quinze à trente jours et durent de quinze à trente heures. Dans cet état second, il a les yeux ouverts, va, vient, mange, boit, fume, se déshabille et se couche à son heure ordinaire, comme à l'état de veille ; mais il a du nystagmus, du mâchonnement, du malaise, des souffrances de tête. Il n'a aucune initiative, et ne fait que les actes habituels journaliers de son existence. Si, dans un milieu dont il ne connaît pas les êtres, on lui crée des obstacles, si on barre le passage, il heurte légèrement, s'arrête, promène les mains sur les objets, en cherche les contours et les trouve ; il n'offre aucune résistance aux mouvements qu'on lui imprime (catatonie), la peau est insensible à l'épingle ; les organes des sens paraissent fermés aux impressions du monde extérieur, sauf peut-être la vue qui l'est moins. Le sens du toucher persiste, puisqu'il palpe les objets et les reconnaît.

Certains accès s'accompagnent d'hallucinations. Un jour, se promenant dans un massif d'arbres, on lui remet sa canne qu'il avait laissée tomber, il la palpe, promène plusieurs fois sa main sur la poignée coudée, devient attentif, semble prêter l'oreille, et tout à coup appelle « Henri ! Les voilà, ils sont au moins une vingtaine. À nous deux, nous en viendrons à bout ! » Et alors portant la main derrière son dos comme pour prendre une cartouche, il fait le mouvement de charger son arme, se couche dans l'herbe, à plat ventre, la tête cachée par un arbre, dans la position d'un tirailleur, et suit, l'arme épaulée, tous les mouvements de l'ennemi qu'il croit voir à courte distance. Cette scène hallucinatoire qui reproduit la lutte dans laquelle il a été gravement blessé a été réveillée par l'illusion de la canne prise pour un fusil.

Mesnet a pu dans la crise survenue quinze jours plus tard, en reproduisant les mêmes conditions, rééditer la même scène. On peut d'ailleurs dans cet état provoquer facilement des scènes hallucinatoires ;

en piquant la peau avec une épingle, faire rêver duel ; en éclairant la chambre, faire rêver flamme, incendie. Il se rend en imagination au concert : un vitrage brillant lui crée une illusion en rapport avec son rêve ; il se croit au théâtre, et il chante !

Cette observation, où les hallucinations spontanées se mêlent à celles qui sont provoquées rappellent l'histoire de notre sergent chez lequel nous avons provoqué expérimentalement la scène du combat de Patay où il fut blessé.

Les somnambules peuvent avoir des changements de personnalité et perdre le sentiment de leur identité, se croire un autre personnage. Voici un exemple de somnambulisme ambulatoire qui me paraît justiciable de cette interprétation.

Un jeune homme de seize ans, sérieux, instruit, de bonne conduite, doux et timide, avait eu en janvier 1896 un malaise avec crise de nerfs qui dura un quart d'heure et n'eut pas de suites.

Le 14 octobre suivant, son père l'envoya chercher mille deux cents francs au Crédit Lyonnais. Il cherche la somme, court à la gare, prend un billet pour Dijon ; de là il envoie une carte postale écrite au crayon dans laquelle il dit qu'à la sortie du Crédit Lyonnais deux bandits l'ont amené du côté de l'Allemagne, qu'il souffre beaucoup, qu'on vienne le chercher, etc. De Dijon, il prend le train pour Marseille, descend à l'hôtel que son père fréquente, et donne un faux nom, M. Sorval, 4, rue de la Préfecture au Havre. Le père envoie des télégrammes de tous côtés, entre autres à son cousin de Marseille qui est assez heureux, après quarante-huit heures, pour mettre la main sur lui à l'hôtel. Le jeune homme dit : «Je ne vous connais pas ; je ne suis pas X..., je suis M. Sorval. » Un rassemblement se fait devant l'hôtel ; on prend fait et cause pour le jeune homme. Son cousin le conduit à la sûreté. Là, pressé de questions, il finit par avouer son nom ; mais au moment où il avoue, il est pris d'une crise convulsive tellement violente que quatre hommes ne peuvent le maîtriser. La crise dure une heure ; puis elle est suivie d'un sommeil qui dure depuis le lundi soir jusqu'au vendredi suivant à quatre heures. On le transporte chez son cousin ; il prend des aliments pendant son sommeil. Le vendredi à quatre heures, il se réveille enfin sans souvenir aucun de tout ce qui s'est passé depuis le moment où il a quitté le Crédit Lyonnais. Tout le reste est lettre morte pour lui. Ajoutons que le jeune homme n'avait dépensé de ces mille deux cents francs emportés que la somme nécessaire à ses frais de voyage.

Le père avait trouvé dans la poche d'un pantalon de son fils un chiffon de papier où il demandait un rendez-vous avec une jeune fille à la gare pour aller ensemble à Paris, annonçant qu'il aurait beaucoup d'argent. La lettre était inachevée. Le père trouva la jeune fille qui restait chez ses parents, et put établir qu'elle ne connaissait pas son fils.

Le père m'amena le fils dont l'expression vague et les grands yeux fixes indiquaient une nature disposée à la rêverie. Il me parut bien sincère et me dit qu'il n'avait jamais parlé à cette jeune fille et n'avait aucune affection pour elle ; ils en avaient causé entre jeunes gens, mais il ne la connaissait pas autrement. Quant au nom de Sorval, il finit par se rappeler l'avoir lu dans un feuilleton du *Petit Journal*, mais il ne savait plus les détails du roman ? Son départ était certainement prémédité. Le projet de lettre trouvé était sans doute déjà écrit, dans un état de conscience anormale. Avait-il en allant à Marseille réalisé un roman conçu par son imagination, croyant être M. Sorval, le héros de ce roman ? Y avait-il des conceptions multiples, incohérentes, comme cela arrive dans le rêve ? L'histoire de bandits l'amenant en Allemagne tiendrait à le faire croire.

L'interrogatoire de la sûreté de Marseille l'a vivement suggestionné et, ramenant le sentiment de la réalité, a déterminé une crise violente d'hystérie.

Il s'agit donc d'une fugue accomplie par un jeune homme hystérique en état de somnambulisme, sous l'empire d'auto-suggestion qui lui enlevait le sentiment de la réalité et en faisait un rêveur en action à l'état de veille. Comme les rêves du sommeil, le contrôle cérébral étant affaibli ou suspendu, ces rêves du somnambulisme vigil sont incohérents, désordonnés et dépourvus de logique.

Dans cette observation, l'état de conscience somnambulique a duré pendant plus de cinq jours. C'est une véritable vie somnambulique.

5) VIE SOMNAMBULIQUE. CONDITION SECONDE. PERSONNALITÉ DOUBLE.

Cet état de conscience nouveau qui constitue la vie somnambulique peut se reproduire souvent chez le même sujet, alterner avec l'état de conscience normale. Telles sont les observations qui ont été publiées sous le nom de *condition seconde, dédoublement de la personnalité*.

Relatons succinctement quelques-uns de ces cas relatés par les auteurs. Le plus connu est celui de la célèbre Félida, observée pendant plus de trente ans, par le professeur Azam de Bordeaux.

Félida a deux états de conscience. Dans son état normal, elle est triste, sérieuse, accusant mille douleurs, indifférente pour tout ce qui n'est pas en rapport avec ses souffrances, les sentiments affectifs peu développés, la volonté très arrêtée, le travail très acharné.

Dans son état second, tout paraît différent sa physionomie respire la gaité ; elle se plaint à peine de ses douleurs ; elle vaque aux soins ordinaires du ménage, sort, circule, fait des visites, entreprend un ouvrage quelconque. Son caractère est complètement changé ; de triste, elle est devenue gaie et sa vivacité touche à la turbulence ; son imagination est plus exaltée ; pour le moindre motif, elle s'émotionne en tristesse ou en joie ; d'indifférente à tout, ce qu'elle était, elle est devenue sensible à l'excès. Dans cet état, elle se souvient parfaitement de tout ce qui s'est passé pendant l'état normal ; mais dans celui-ci elle ne se souvient pas de ce qui s'est passé pendant l'état second. Cette amnésie la rend très malheureuse, et, elle cherche et arrive auprès des personnes qui ne la connaissent pas à dissimuler cette infirmité.

Dans l'état second, elle se laisse séduire, devient grosse, parle de sa situation sans inquiétude, sans tristesse ; tandis que, quelque temps après, se trouvant dans l'état de condition première, accusant un gonflement du ventre et des malaises dont elle ne soupçonne pas la cause, ni la nature, quand on lui apprend sa grossesse, elle a une commotion nerveuse avec crises convulsives.

D'ailleurs dans les deux états elle a son intelligence parfaite, sans délire, ni hallucinations.

Les deux conditions ne diffèrent que par des modifications de caractère, d'instincts, de sentiments, d'idées. Dans sa vie seconde, on lui donne un chien qui s'habitue à elle et la caresse chaque jour. Dans la vie normale, si le chien la caresse, elle le repousse avec horreur, elle ne l'a jamais vu ; c'est un chien errant, entré par hasard chez elle.

Dans sa condition seconde, elle croit que son mari a une maîtresse et se répand en menaces contre sa complice. Quelques instants après, revenue à l'état normal, elle rencontre cette femme et, ignorant tout, la comble de prévenances et de marques d'amitié.

Peu à peu la durée des périodes de condition seconde a augmenté et existe des journées entières. Enfin, cet état est devenu presque continu ; l'état normal avec sa perte des souvenirs si caractéristique n'apparaît plus qu'après des intervalles de quinze jours à trois semaines et ne dure que quelques heures. La cause déterminante de ces changements de conscience a été l'hystérie survenue à quatorze ans pendant la période de croissance. C'est après dix minutes de sommeil hystérique qu'elle ouvrait les yeux et se réveillait en condition seconde. Plus tard, le sommeil nerveux avec analgésie devient plus court, ne dure plus que deux ou trois minutes, ou même un instant seulement. D'ailleurs de dix-neuf à vingt-quatre ans, elle eut des accidents nerveux, crises convulsives, léthargies, paralysies partielles, et toute une série de psychonévroses.

C'est, je pense, le choc cérébral consécutif à des crises d'hystérie qui laisse à sa suite cette modification d'état de conscience ; elle peut être répétée à chaque crise par une sorte d'auto-suggestion émotive.

L'éducation suggestive du sujet aurait pu peut-être supprimer les crises, inhiber l'émotivité qui les répétait, et maintenir l'état de conscience normal.

Tel est aussi le cas relaté par Ladame, de Genève ; je rapporte un résumé de l'observation qui montre bien l'analogie qui existe entre le somnambulisme et la condition dite seconde.

X..., jeune fille de vingt-sept ans. Dans sa première enfance, à la suite d'une grande frayeur, à la vue d'un incendie, elle devint somnambule, s'échappant parfois de son lit pour aller dans la cuisine ou les corridors, où il fallait la chercher. Ces accès assez fréquents ont duré pendant son adolescence.

À Vienne où elle travaillait comme couturière, elle eut une vive émotion par un commencement d'incendie provoqué par une lampe allumée qu'elle avait renversée. Elle eut une attaque de sommeil qui dura deux jours et demi. Rentrée à Genève, ces attaques se répétèrent ; et on s'aperçut alors que, au réveil de ces attaques, il y avait chez elle un état second, différent de l'état normal, avec un autre caractère. Les attaques se répètent à la moindre émotion, et s'accompagnent pendant vingt à vingt-cinq minutes environ d'un léger tremblement de tout son corps. Pendant l'état second, qui dura une fois une journée entière à la suite d'une altercation avec son fiancé, elle change complètement de caractère. Douce, aimable et un peu molle à l'état normal, elle devient impatiente, méchante, impétueuse, mais active et travailleuse. Elle mange avec meilleur appétit et digère mieux qu'à l'état normal. Elle chante, joue du piano, prend part à la conversation, riposte mieux et plus hardiment, a la main leste, ne supporte pas la contradiction, distribue généreusement des taloches.

Revenue à l'état normal, elle ne se rappelle absolument rien de ce qu'elle a fait ou dit pendant l'état second, elle ne veut jamais croire aux propos violents qu'elle a tenus ou aux actes de colère qu'elle a commis, quand on voulait la contrarier.

Dans l'état second, sa mémoire est entière pour tout ce qui lui est arrivé auparavant dans l'état analogue et l'état normal. Mais il lui arriva souvent de ne pas reconnaître les personnes qu'elle connaît dans l'état normal ; ainsi elle ne reconnaît pas quelquefois son médecin.

Le docteur Ladame est arrivé à obtenir la guérison par suggestion. Dans cette observation, comme dans celle de Félida, c'est la commotion psychique produite par la crise d'hystérie qui détermine cette modification de conscience.

Dans l'observation suivante, il s'agit, comme dans les précédentes, d'une hystérique, et aussi, comme dans la première, d'une grossesse survenue en condition seconde. Celle-ci fut déterminée par les manœuvres magnétiques d'un médecin.

C'est une jeune fille très nerveuse, qui avait des crises d'hystérie. Un jeune médecin la traite par le magnétisme. Elle guérit, se maria contre son gré avec un mari frivole et débauché, eut de nouvelles crises de nerfs, et eut de nouveau recours au jeune médecin qu'elle aimait. Ces crises s'accompagnaient d'un délire extatique. Elles devinrent somnambuliques ; et les séances de soi-disant magnétisme provoquaient cet état somnambulique qui revenait aussi spontanément plusieurs fois par jour.

Dans la vie somnambulique, Mme de B... était calme, causait tranquillement, soutenait la conversation, racontait, riait, plaisantait ; et si elle n'avait pas eu les yeux fermés, on aurait cru à son état normal. Cependant elle était plus impressionnable, susceptible même, supportant difficilement la contradiction, alors que dans la vie ordinaire elle avait la douceur d'un ange. Elle avait en outre des caprices, des envies presque irrésistibles, elle allait au piano et jouait quelques morceaux ; d'autrefois il lui prenait fantaisie de faire une grande toilette, elle cherchait ses atours, ses bijoux. Elle s'habillait, dansait avec le docteur, puis se déshabillait, replaçait chaque chose à sa place. Quelquefois elle se livrait à des excentricités, grimpait sur les meubles, les cheminées, sans rien déranger. Le somnambulisme transformait son caractère et la rendait susceptible, irritable, présomptueuse, alors que dans la vie normale elle était modeste et réservée.

Pendant un de ces accès, elle fit à son médecin l'aveu de l'amour qu'elle avait pour lui : elle s'était mariée contre son gré. Le médecin devint l'amant de Mme e B... pendant son somnambulisme.

Dans son état normal, elle n'avait souvenir de rien. Devenue enceinte, elle n'avait aucun soupçon de sa grossesse, n'ayant plus eu de rapports avec son mari depuis un an, et sûre de n'avoir pas manqué à ses devoirs. On attribuait ses malaises à une maladie insolite. Dans le somnambulisme, elle savait ce qui en était et ne s'inquiétait pas trop de la situation. Quand finalement la malheureuse femme découvrit la nature de son mal, l'anxiété fut extrême, sa tête s'égara ; elle crut aux esprits, aux maléfices. Au terme de sa grossesse, l'aliénation fut complète et nécessita son transfert dans une maison de santé.

Elle guérit toutefois ; ses attaques disparurent. Elle ne revit que quelques années plus tard le docteur H..., et ne soupçonna pas qu'il avait été le héros d'une aventure dont elle avait été la victime[2].

Je rapproche de ces observations l'affaire Chambige qui a vivement passionné l'opinion publique, il y a une quinzaine d'années, et que je crois susceptible de la même interprétation ; elle s'éclaire à la lumière des observations précédentes.

Une jeune femme du meilleur monde et d'une moralité parfaite, adorant son mari et ses enfants, recevait chez elle un jeune homme, ami de sa famille, nommé Chambige. Un jour, on la trouva dans un pavillon isolé de son jardin, tuée par une balle, le corps souillé par un attentat. Chambige était à ses côtés, évanoui, blessé par un coup de pistolet, n'ayant pas réussi à se tuer. Revenu à lui, il raconta que la jeune femme, éperdument amoureuse, s'était donnée à lui, à condition qu'ils ne survivraient ni l'un ni l'autre à son déshonneur. Il avait juré de la tuer et de se tuer ensuite.

Ce récit était-il vrai ? Chambige l'affirmait avec un grand accent de franchise qui a impressionné même ceux qui ne voulaient voir en lui qu'un vulgaire assassin. Beaucoup de personnes n'ont vu dans ce drame qu'un acte de folie amoureuse. Il y a eu, je pense, encore autre chose.

Immédiatement avant ce drame, alors que, suivant Chambige, le projet était convenu entre eux, la pauvre jeune femme écrivait à une parente une lettre calme et sérieuse ; elle y parlait de son intérieur, de ses enfants, même, je crois, de Chambige, en termes si simples, si naturels, qu'ils indiquaient une tranquillité d'esprit parfaite. La femme qui écrivait ainsi ne pouvait avoir conscience de l'acte qu'elle préméditait. Elle ne songeait ni à manquer à ses devoirs ni à se faire tuer.

De l'avis de tous ceux qui la connaissaient, Mme Grille était la candeur même, femme de devoir, élevée dans des principes de sévère moralité, douce, timide, bonne, dévouée à son mari et à ses enfants. Mais elle était suggestible. Un jour, en fixant une cuiller, elle était tombée en extase hypnotique. Comment donc expliquer ce drame ?

Chambige est-il un vulgaire assassin, doublé d'un imposteur qui, après avoir lâchement violé et assassiné cette femme qui lui refusait ses faveurs, aurait inventé cette histoire, pour poser en héros de tragédie amoureuse ? Je ne le pense pas.

Doué d'une intelligence vive, en imposant à ses camarades comme un esprit supérieur, avec peu ou point de sens moral, Chambige avait soif de sensations et buvait sans scrupules à toutes les sources qui pouvaient l'assouvir, sans cœur et sans préjugés, mais franc. Il vit Mme Grille et désira la posséder. Habitué à dominer, parce qu'il avait de l'intelligence, de la volonté et de la décision, il ne tarda pas à prendre sur cet esprit faible un ascendant étrange : en sa présence elle ressentait sans doute un amour mêlé de malaise indéfinissable. De même qu'un jour en regardant une cuiller, elle était tombée en extase hypnotique, de même en présence de Chambige, troublée profondément par son regard, ses allures, peut-être ses déclarations, elle tombait en extase somnambulique, en condition seconde. Chambige lui inspirait à son insu une nouvelle conscience, à la faveur de laquelle la suggestibilité s'exaltait, la passion la dominait, la raison faisait défaut, la capacité de résistance était insuffisante. Chambige faisait de la suggestion sans le savoir.

Revenue à sa conscience normale, Mme Grille ne se souvenait de rien. Ainsi, le matin du crime, quand elle écrivait sa lettre, elle ne savait pas ce qui allait se passer. Un instant après, la présence seule de Chambige a pu la suggestionner ; dans son imagination est une passion folle ; dans ses sens une excitation irrésistible.

Si la pauvre femme a fait promettre à son séducteur de la tuer, c'est le sens moral persistant encore dans son nouvel état de conscience, c'est sa vraie conscience morale indestructible qui pouvait être dominée, mais non éteinte, dans son état somnambulique.

Cette condition seconde dans laquelle le caractère, les instincts sont modifiés, où l'impulsivité peut dominer, où le malade peut avoir des illusions, des hallucinations et perdre le sentiment de son identité, est susceptible de donner lieu, comme le somnambulisme nocturne, à des actes délictueux et criminels. Nous avons vu la somnambule de Ladame distribuer des taloches pendant sa condition seconde et même mordre la main de son fiancé, parce qu'il voulait l'empêcher de sortir.

Le docteur Garnier[3] raconte l'histoire d'un jeune homme qui, en condition seconde, déménage tranquillement une boutique de brocanteur et transporte Successivement les objets mobiliers dans la cour de sa maison.

Le docteur Motet[4] relate l'histoire d'un individu qui commit en somnambulisme un outrage public à la pudeur.

Proust[5] rapporte celle d'un jeune homme sujet à des crises de vie somnambulique qui fut condamné pour des escroqueries faites dans cet état.

Dans les observations que nous avons relatées, nous avons vu que l'hystérie existe souvent chez le somnambule. L'hystérie ainsi que nous le verrons est une crise nerveuse consécutive à un choc émotif ; cette crise elle-même peut s'accompagner d'hallucinations complexes coexistant ou alternant avec les convulsions et autres manifestations de la crise ou leur succédant et constituant un vrai somnambulisme hallucinatoire. Quelquefois, la convulsion est légère ou même fait défaut, et la crise paraît constituée tout entière par l'accès de somnambulisme.

L'émotivité qui fait la crise d'hystérie et celle-ci elle-même créent un choc cérébral intense qui, chez les sujets prédisposés, peut produire l'état de conscience anormal dit somnambulique.

6) ÉTATS DIVERS DE CONSCIENCE DANS LA VIE HABITUELLE AVEC OU SANS AMNÉSIE.

Ces observations de modification de conscience sans illusions, ni hallucinations, avec simple modification de caractère et de sentiments, si singulières qu'elles paraissent au premier abord, surtout quand on les décore du nom de double personnalité, ne sont que l'exagération de ce qui se passe dans la vie courante. N'avons-nous pas tous des états multiples de conscience ? Ne voyons-nous pas tous autour de nous des personnes dont le caractère et l'humeur sont variables. Tel est pendant un certain temps honnête, pondéré, mesuré dans ses actes, bienveillant, qui, à d'autres moments, sans motif apparent, devient capricieux, extravagant, colère ; il est vicieux par intermittence.

Tous les degrés peuvent exister de conscience modifiée, depuis un simple changement d'humeur que les intimes seuls perçoivent jusqu'à une transformation complète de la mentalité. À un certain degré cette transformation peut constituer une maladie ; la neurasthénie, la folie circulaire sont des états de conscience modifiée. Ces degrés extrêmes, qui sont des maladies et vont jusqu'à l'aberration, frappent seuls notre attention ; les degrés légers nous échappent et nous attribuons à l'humeur capricieuse de ces sujets dits lunatiques ces modifications de conscience, dus à un dynamisme cérébral dont la cause nous est inconnue.

Ne voyons-nous pas des femmes qui à chaque période menstruelle ont une autre mentalité, un autre état de conscience ; douces, bonnes, raisonnables avant, elles peuvent devenir alors capricieuses, anxieuses, impulsives, même maniaques ?

Et nous tous, à la suite de certaines émotions vives, n'avons-nous pas un état de conscience anormal ? Nous ne sommes plus nous-mêmes, nous avons perdu le fil de nos idées, quelques-uns déraisonnent pendant un certain temps, tiennent des propos extravagants, font des actes bizarres. Cela dure en général peu de temps. Il en est même qui, revenus à leur état normal de conscience, ont perdu le souvenir de ce qu'ils ont dit et fait. Si cet état anormal se prolonge un peu longtemps, il sera reconnu comme condition seconde.

Après un déraillement de chemin de fer, ne voit-on pas des voyageurs exempts de toute blessure, frappés seulement par le choc moral, se sauver à travers les champs comme en automatisme ambulatoire, puis revenus à leur état normal, ne pouvoir donner aucune explication, ayant perdu le souvenir de tout ce qui s'est passé ? Chez certains sujets prédisposés, cet état de conscience anormal dû à un choc émotif se prolonge assez longtemps, entretenu par l'auto-suggestion ou bien se reproduit facilement par une nouvelle émotion ou par représentation mentale, comme toutes les modalités nerveuses, crises de nerfs, tics, toux nerveuse, hoquet nerveux, etc., que certains sujets réalisent et répètent par simple réminiscence auto-suggestive. Ainsi en est-il aussi du dynamisme psychique modifié par les chocs émotifs et que l'auto-suggestion reproduit.

Cette modification profonde, si fréquente dans la vie, nous frappe surtout quand elle est suivie d'amnésie, quand, revenu à l'état normal, le sujet ignore ce qu'il a fait pendant cette période. C'est alors seulement que nous disons : double personnalité. Quand le souvenir persiste de l'un à l'autre état, nous ne voyons rien d'étrange à ces modifications. Mais l'amnésie suffit-elle en réalité pour établir une distinction fondamentale ? L'état de conscience modifiée sans amnésie consécutive est le même phénomène que celui avec amnésie, de même que l'hallucination ou le rêve dont on a conservé le souvenir est le même que celle dont le souvenir est effacé. Certains sous l'influence de l'excitation alcoolique commettent des actes impulsifs dont une fois dégrisés ils perdent le souvenir : d'autres gardent ce souvenir. Cela est cependant la même physiologie cérébrale. L'amnésie d'ailleurs peut être incomplète ou passagère ; il en est ainsi, nous l'avons dit, de tous les phénomènes de suggestion ou d'auto-suggestion. Que l'amnésie existe ou n'existe pas après une modification brusque d'état de conscience due à un choc psychique émotif ou suggestif, la modification n'en existe pas moins ! L'amnésie est un fait psychologique fréquent, mais non constant à la suite de la vie somnambulique ; elle peut faire défaut, même quand le somnambulisme a été hallucinatoire.

Le mot somnambulisme implique donc un état de conscience anormal actif, avec diminution de contrôle cérébral, avec ou sans hallucinations, qui peut se manifester à la suite d'une secousse morale, choc cérébral, accès d'hystérie, rêve ; cet état laisse souvent, mais pas toujours, une amnésie plus ou moins complète.

Les hallucinations d'origine toxique, par exemple alcooliques ou saturnines, et celles dues aux maladies mentales, par exemple la lypémanie ou délire de persécution, peuvent déterminer des actes corrélatifs et constituer un vrai somnambulisme. Mais ce somnambulisme est pathologique ; les hallucinations sont fonctions d'un cerveau malade ou intoxiqué. Cet état n'est pas justiciable de la psychothérapie, comme l'est le somnambulisme simplement émotif, qui n'est qu'un simple dynamisme psychique, sans lésions, une simple psychonévrose.

---

1. *Traité de médecin légale et d'hygiène publique, 1813.*
2. DOCTEUR BELLANGER : *Le Magnétisme, vérités et chimères de cette science occulte,* Paris. 1854.
3. GARNIER : *Annales d'hygiène publique et de médecine légale,* Paris 1887.
4. MOTET : *Ibid.,* 1881.
5. PROUST : *Lecture faite à l'Académie des sciences morales et politiques,* 1889.

CHAPITRE 10

DES SUGGESTIONS CRIMINELLES. — CRIMES EXPÉRIMENTAUX. — RÉSISTANCE VARIABLE. — OBÉISSANCE PAR RÉFLEXE IMPULSIF. — PAR RAISONS AUTO-SUGGESTIVES DE DÉFENSE. — PAR ÉTAT NATIF AMORAL. — ÉLÉMENT SUGGESTIF DANS LES CRIMES RÉELS. — OBSERVATIONS. — IMITATION ET PUBLICITÉ.

1) CRIMES EXPÉRIMENTAUX.

Dans les chapitres précédents, nous avons établi que la suggestion se fait sans hypnose, qu'elle ne réalise que les symptômes qui se réalisent spontanément dans divers états d'âme. Ni l'hypnotisme ni la suggestion ne créent des propriétés particulières. La suggestion, ai-je dit, c'est le déterminisme cérébral. Nos instincts natifs, notre innéité, l'éducation, l'exemple, l'imitation, la persuasion, le sentiment, les émotions, les passions, les illusions, les erreurs, les impressions apportées par nos sens, les excitations cérébrales par l'alcool, les toxiques, les toxines, les impressions viscérales, les perturbations organiques et psychiques dues aux maladies diverses, aux évolutions biologiques, croissance, menstruation, grossesse, en un mot tout le milieu extérieur et notre milieu intérieur, tout agit sur le psychisme, tout nous détermine, tout nous suggestionne.

La suggestion expérimentale ne fait que reproduire des phénomènes qui se produisent spontanément. L'hypnotisme ne modifie pas la suggestibilité normale, il ne modifie pas la physiologie ni la psychologie de l'organisme humain. Il n'exalte pas les facultés intellectuelles, il ne crée pas le don de voir à travers les espaces ou à travers les corps opaques, il ne renverse pas les lois de la nature ; il n'augmente pas l'acuité des sens au-delà de la mesure normale. Chez mes meilleurs sujets, je n'ai pu constater de phénomènes à distance, ni de transmission de pensée. Si ces phénomènes et d'autres, tels que lévitation, extériorisation de la pensée, affirmés par les spirites, existent, ce que je ne crois pas, ces phénomènes sont de toute autre nature que ceux de la suggestion ; ils ne sont pas de notre ressort. Ce que je puis affirmer, c'est qu'aucun de mes somnambules ne les a présentés. Je n'ai vu que les faits que j'ai décrits dans les pages qui précèdent, et ces phénomènes qui frappent vivement l'imagination de ceux qui les observent, j'ai cherché à les dégager de leur apparence merveilleuse, en montrant que tous peuvent se produire spontanément dans la vie courante.

Nous avons établi aussi que l'être suggestionné, même en état de sommeil dit hypnotique, n'est pas un pur automate qui obéit fatalement au suggestionneur ; malgré sa docilité, il conserve son individualité, il est conscient ; il peut résister souvent dans une certaine mesure et peut ne pas accepter toutes les suggestions qu'on veut lui imposer.

Certainement, quand on voit un sujet très suggestible, anesthésique, hallucinable, réaliser tous les actes commandés, une question se pose impérieusement : La puissance de la suggestion va-t-elle jusqu'à faire exécuter des actes criminels ?

Avec notre conception de la suggestion, cela n'est pas douteux puisque tout crime a une cause psychique déterminante, puisque nous voyons tous les jours de mauvais conseils, des excitations malsaines faire des criminels. Un cerveau faible ou impulsif sera entraîné facilement à commettre un acte délictueux. Le fanatisme religieux, politique, ou socialiste, suggéré par un fanatique, peut transformer un honnête homme en criminel. Toutes les passions, colère, haine, passion, amour, peuvent suggérer une mauvaise action. On peut dire en vérité qu'il n'y a pas un crime dans lequel il n'y ait pas un élément suggestif.

Mais la question se pose autrement. Tout sujet très suggestible obéit-il forcément à une suggestion criminelle ? Va-t-il fatalement au crime, par cela seul qu'il est suggestionné et ne peut plus résister à l'ordre ? La suggestion développe-t-elle, au moins, chez certains sujets, un véritable état d'automatisme, conscient, je le veux bien, mais irrésistible quand même, à la faveur duquel ils vont au crime, comme une pierre qui tombe, disait Liébeault ?

Mon regretté ami Liégeois, dans de nombreuses expériences, a pu suggérer à des sujets honnêtes des vols, des assassinats, des escroqueries, des faux, même un parricide, et ces suggestions ont été accomplies expérimentalement avec précision. Il s'agissait, il est vrai, de somnambules choisis à la clinique de M. Liébeault ; et tous n'obéissent pas avec cette précision. M. Liébeault lui-même ne considérait pas tous les sujets comme aptes à réaliser des actes criminels, bien qu'il eût une foi presque absolue dans la toute-puissance de la suggestion.

« Ce sont seulement, dit-il, les dormeurs somnambules profonds, chez lesquels a disparu toute initiative, toute activité sensible et intellectuelle. Ceux-ci, impuissants à faire effort pour sentir, raisonner, discuter et agir, sont de toute nécessité impuissants à résister aux méchantes tentations. Ne trouve pas qui veut un somnambule au plus haut degré de concentration d'esprit ; je n'ai rencontré que 4 à 5 sujets pour 100 parmi ceux que j'ai soumis à l'hypnotisation, sujets par l'intermédiaire desquels on aurait pu sûrement faire commettre les crimes les plus épouvantables et que l'on n'exécute que dans certains états de folie. »

« Ce qui a trompé, ajoute-t-il, les expérimentateurs qui ont admis l'impossibilité de faire réaliser des crimes, c'est le choix peu réfléchi de ceux auxquels ils ont voulu les imposer. Aussi ne faut-il pas s'étonner s'ils ont rencontré dans ceux-ci des sujets désobéissant aux ordres donnés, du moment que ceux-ci étaient contraires à leurs principes moraux ou à leurs intérêts. Et encore ces dormeurs auraient-ils peut-être cédé à leurs injonctions, si elles avaient été insinuées dans leur esprit avec art et insistance. »

Même alors que ces suggestions sont réalisées expérimentalement, on peut objecter avec Delbœuf et Gilles de la Tourette que ces expériences ne sont pas toujours démonstratives. Le sujet qui va voler sur votre ordre sait que c'est vous qui agissez en lui, que c'est vous qui êtes responsable, que c'est un simulacre de vol et non un vol réel. Le somnambule auquel vous donnez un couteau à papier pour tuer une personne fictive sait très bien que c'est une arme inoffensive ; ou, si c'est un couteau réel, elle sait que la porte dans laquelle elle le plonge n'est doublée que d'un fantôme. Le sujet n'est pas identifié avec son rêve. À côté de son hallucination, il a le sentiment de la réalité ; ainsi en est-il souvent dans le rêve normal ! Le sujet peut sentir qu'il rêve, qu'il joue de bonne foi une comédie. On ajoute : « Vous ne faites commettre que des crimes de laboratoire ; ceux qui font le simulacre du crime ne feraient pas le crime réel. » Cela peut être vrai pour certains qui agissent mollement, qui frappent seulement pour la forme, ou qui semblent obéir par complaisance, sans conviction.

Mais ceux qui ont assisté à de nombreuses expériences de ce genre ont la conviction que certains sujets sont identifiés avec leur rôle, ils ne jouent pas une comédie ; ils croient que c'est arrivé ; ils ont la physionomie, les allures, les gestes, l'émotion du vrai criminel ; et on ne peut se défendre de l'impression que ceux-ci iraient au crime réel. Ainsi en est-il aussi, comme nous l'avons vu, dans le rêve. S'il est des rêves purement passifs, où nous assistons au drame hallucinatoire comme s'il s'agissait d'un autre nous-mêmes, sans subir l'émotion que devraient produire les événements terrifiants dont nous sommes les victimes, il est des rêves actifs que nous vivons, que nous sentons, avec épouvante, avec respiration haletante, avec angoisse mortelle, et le réveil est une délivrance. Rappelons ici que des vrais crimes ont été réalisés dans le rêve somnambulique. Aux observations que j'ai relatées, j'ajoute encore les suivantes :

On lit dans *Orfila* qu'une nuit, étant couché dans une auberge, un somnambule se mit à crier au voleur. On accourut, on lui demanda ce qu'il voulait : « Ah ! C'est toi, coquin », répondit-il, en tirant un coup de pistolet. Poursuivi pour cet acte, il fut acquitté, parce qu'il prouva qu'il était sujet au somnambulisme.

Un élève du séminaire de Saint-Pons, raconte *le Moniteur* du 2 juillet 1868, se lève pendant la nuit, se rend vers l'un de ses professeurs et le frappe de trois coups de couteau qui, mal dirigés, n'atteignent que le matelas. C'est la première fois que le somnambulisme se manifestait chez ce jeune homme. Le lendemain, quand on lui apprit son acte qu'il ignorait complètement, l'élève manifeste ses regrets et le désir de rentrer chez lui.

Les journaux américains de 1876 rapportèrent le fait d'un enfant qui, pendant un accès de somnambulisme, alla tuer un de ses camarades et qui, mis en prison, tenta, pendant l'accès suivant, de tuer un de ses codétenus.

Le somnambule de l'hôpital Saint-Antoine, dont Mesnet a raconté l'histoire, se livrait à des vols incessants pendant ses crises. Ce sont ces vols qui décelèrent l'existence du somnambulisme auquel il était sujet. On découvrit ces objets dans la chambre du somnambule et il fut même condamné pour ce vol.

En mars 1877, les journaux ont parlé d'une femme qui se volait elle-même. Ces soustractions ayant éveillé de sa part la pensée qu'un voleur s'introduisait la nuit chez elle, elle mit son fils en surveillance et celui-ci ne découvrit pas sans étonnement quel était le voleur. Si des crimes peuvent se réaliser dans le somnambulisme naturel, si des impulsions mauvaises peuvent résulter d'un rêve, si l'hallucination auto-suggestive peut commander un assassinat, le somnambulisme artificiel doit agir de même ; et c'est la meilleure preuve que nous puissions donner de la réalité possible des crimes par suggestion. « Un somnambule d'une parfaite moralité, dit A. Maury, peut dans sa vie somnambulique devenir un criminel. » Que cette vie somnambulique se développe par auto-suggestion, ou par hétéro-suggestion, elle est la même ; elle est justiciable des mêmes phénomènes.

2) RÉSISTANCE VARIABLE.

La résistance des sujets est variable. Il en est qui, très suggestibles, hallucinables, dociles, savent cependant résister aux suggestions qui leur sont désagréables ou jurent avec leur caractère. Voici une jeune fille honnête ; je lui suggère à l'état de veille ou de sommeil, de battre sa mère, de voler une montre ; elle s'y refuse et je ne puis briser sa résistance. Cependant je puis l'anesthésier, l'halluciner, lui chatouiller la muqueuse olfactive ; elle ne réagit pas. Mais si je veux soulever sa jupe et la découvrir, elle réagit, se révolte, se réveille même, désuggestionnée et revenue à son état normal par l'état de défense instinctive que provoque son sentiment révolté de pudeur.

Il en est d'autres qui se laisseraient faire ou commettraient l'acte suggéré, même s'il leur est désagréable.

Entre l'obéissance passive et la résistance insurmontable, tous les degrés existent.

Sans doute, il y a des sujets qui obéissent aveuglément, presque instinctivement comme par action réflexe, sans soumettre l'acte suggéré au contrôle ; ils ont un idéodynamisme exagéré. L'acte commis, revenus à l'état de conscience normale, ils regrettent ce qu'ils ont fait. Ils agissent, comme des impulsifs obsédés dans la vie normale. La suggestion paraît développer chez eux une obsession irraisonnée. Cet idéodynamisme impulsif paraît surtout se développer à la suite d'expériences trop fréquentes de suggestions, d'hallucinations et d'obéissance passive. On crée ainsi des impulsifs expérimentaux.

Aussi on peut dire que ces expériences répétées trop souvent chez un sujet ne sont pas sans danger : elles diminuent la capacité de résistance et augmentent l'automatisme cérébral.

Le sujet qui vient ainsi de commettre un crime par impulsion naturelle ou expérimentale, quand on l'interroge : « Pourquoi avez-vous mis le feu à la maison ? » répond : « Je ne sais pas ; c'est une idée ; c'était plus fort que moi ; je n'avais aucune raison de le faire. Je ne suis cependant pas un incendiaire. »

Voici une expérience due à M. Albert Bonjean, magistrat, à Verviers[1] : Un jour, nous disons à Mlle P..., en sommeil hypnotique : « Mme M... a un superbe bracelet. Un quart d'heure après être réveillée, vous prendrez ce bracelet et vous le cacherez dans une de vos poches. » Le vol se commet dans les conditions prescrites. Mlle P..., ayant été se rasseoir, Mme M... s'écrie : « Tiens, c'est drôle. Je ne trouve plus mon bracelet. Je l'avais pourtant quand je suis venue. » Puis elle fait mine de chercher un peu partout, sans rien trouver naturellement. La compagnie s'étonne ; on regarde sous la table, on examine les meubles, on secoue les tapis. En fin de compte, quelqu'un propose de se fouiller. Quand Mlle P..., qui trouvait tout cela très singulier, mais qui de la meilleure grâce fit comme tout le monde, constata la présence sur elle du bracelet disparu, elle pâlit affreusement et se mit à fondre en larmes, s'écriant tout éperdue : « Je ne suis pas une voleuse, savez-vous ! Si j'avais le bijou en poche, c'est que quelqu'un l'y a mis ! »

Il fallut assez de temps pour calmer ce désespoir très sincère. On attribua la mésaventure à une mystification imaginée par un des plus joyeux convives. Tous intervinrent pour affirmer qu'il n'en était pas autrement, et l'incident fut clos de cette manière.

Mlle P... est l'honnêteté incarnée et nous la savons incapable, non seulement d'improbité, mais encore de la plus légère incorrection.

Dans ce cas, il faut bien admettre que l'acte suggéré a été commis comme par un acte réflexe impulsif, le sujet, dominé par l'idée de l'obéissance passive obligatoire, agissant sans faire appel à l'idée morale frénatrice.

Il en était ainsi dans l'expérience faite par Auguste Voisin : « Nous avons suggéré à une femme pendant le sommeil provoqué d'aller à son réveil s'emparer d'un couteau véritable et d'en frapper un mannequin couché dans son lit. Ce mannequin, affublé d'une robe et coiffé d'un bonnet, simulait à s'y méprendre une femme couchée. À son réveil, elle se dirige rapidement vers la table, saisit l'arme, et s'approchant brusquement du lit, elle frappe la femme couchée d'un grand coup de couteau, machinalement sans la moindre expression sur le visage, agissant comme si elle était mue par un ressort. Elle attendit un instant, puis revint à sa place et ne parut se souvenir de rien. »

« Cependant, au bout de trois jours, nous revoyons notre sujet, qui était triste, sombre, le visage pâli, les traits tirés. « Depuis trois nuits, dit-elle avec anxiété, je ne dors plus, j'ai d'affreux cauchemars, je crois voir une femme qui me poursuit sans cesse et m'accuse de l'avoir assassinée. Je ne puis me débarrasser de cette horrible obsession. » Mise de nouveau dans le sommeil hypnotique, nous lui demandons s'il était vrai qu'elle avait assassiné, et qui lui avait ordonné ce crime. Elle répondit que c'était vrai et que c'est nous-même qui l'avions ordonné. Nous lui disons alors que c'était une plaisanterie, que la femme n'était qu'un mannequin, et que désormais ses nuits seraient calmes, sans visions, sans cauchemars. Elle reprit en effet sa physionomie calme et son sommeil paisible. »

On voit que le souvenir de la scène, latent à l'état de veille parfaite, revenait dans l'état de concentration du sommeil et finit par persister, comme un rêve confus. L'acte suggéré avait été commis aussi par un réflexe impulsif créé par l'idée d'obéissance passive. Plus tard seulement, quand le souvenir latent revint à la conscience, les remords et l'angoisse l'accompagnèrent.

D'autres sujets accomplissent le crime suggéré, non par impulsion irraisonnée, mais de propos délibéré, et malgré leurs instincts d'honnêteté, parce que la suggestion faite ou leur propre auto-suggestion crée en eux des raisons ou des sentiments qui expliquent le crime : «Je l'ai tué, parce qu'il a attaqué mon honneur, j'étais en droit de légitime défense. Il avait tiré sur moi ; je n'ai fait que me défendre. J'ai pris son porte-monnaie pour reprendre l'argent qu'il m'avait volé. »

Tout un roman, avec souvenirs fictifs, s'échafaude dans son cerveau, pour adapter la possibilité du crime à sa mentalité et à sa moralité.

Quand la sensibilité morale fait défaut, quand le sujet expérimental n'a ni sentiment de pitié ni sentiment de justice, quand c'est de plus un être impulsif et violent, le terrain psychique est ouvert, sans artifice, aux manœuvres suggestives. N'en est-il pas ainsi dans la vie normale ?

La suggestion expérimentale ne fait donc que ce que font les suggestions ordinaires de la vie. Elle mène au crime un impulsif perverti, prédisposé par sa mentalité ; elle peut pervertir par des excitations malsaines certaines natures honnêtes, mais faibles ; elle peut tromper un brave homme en lui imposant le crime comme un acte de défense ; elle peut créer un état de conscience nouveau, avec obéissance passive, supprimant le contrôle moral, et réalisant un crime impulsif ; elle peut enfin trouver une résistance plus ou moins grande et même insurmontable chez les êtres doués d'un grand sens moral.

Mais, je le répète, l'hypnose ni la suggestion ne créent pas un automatisme inconscient, soumis, sans la participation du moi, à la volonté de l'opérateur. Si certains sujets, suggestionnés et dressés par lui, obéissent à tous ses ordres, c'est qu'ils ont en lui une foi aveugle, c'est qu'ils ont l'idée *fixe* de faire tout ce qu'il leur commande. Cela se voit aussi dans la vie courante. Le fanatisme suggestif fait des prosélytes impulsifs et transforme les agneaux en loups, les hommes doux en assassins.

3) ÉLÉMENT SUGGESTIF DANS LES CRIMES RÉELS. OBSERVATIONS.

J'ai dit qu'il n'y a pas de crime sans élément suggestif, comme il n'y a pas d'acte sans psychisme déterminant, comme il n'y a pas d'effet sans cause.

Cherchons cet élément dans quelques observations de crimes que j'ai relatées en 1897 dans mon rapport sur la suggestion au point de vue médico-légal au Congrès international de médecine de Moscou. Ce sont des causes célèbres qui passionnaient il y a plusieurs années l'opinion publique :

Gabrielle Fenayrou avait été élevée dans de bons principes ; tous s'accordaient à la considérer comme douce et honnête. Elle se marie : les premières années sont heureuses ; elle paraît épouse dévouée et bonne mère. Un jeune homme capte son imagination ; son mari, aux prises avec les difficultés de l'existence, la néglige ; elle se donne à ce jeune homme. Plus tard, le mari rumine des idées de vengeance contre lui ; car, après avoir séduit sa femme, il a fondé une pharmacie voisine qui prospère, tandis que la sienne périclite. Pour assouvir sa vengeance, il captive de nouveau l'esprit de sa femme, lui persuade que son rival est cause de leur malheur, lui insinue qu'il faut le tuer, que sa réhabilitation morale est au prix de ce meurtre. Elle se laisse aller à cette suggestion. Docile, cédant aux menaces, elle donne rendez-vous à son ancien amant, sous prétexte de renouer des relations interrompues. Elle y va ; chemin faisant, elle va prier à la Madeleine. Puis froidement, sans émotion, elle le conduit à son mari qui l'assassine devant elle. Aucun remords, aucun regret n'agite sa conscience ; elle ne paraît pas se douter de l'énormité de son crime. Rien dans ses antécédents ne faisait prévoir cette perversité monstrueuse du sens moral. Devant le jury, sa maîtresse de pension disait que c'était l'élève la plus docile, la mieux disciplinée. Un témoin a dit d'elle : « C'était une pâte molle, elle allait au vice aussi bien qu'à la vertu. » Traduit en langage psychologique : c'était un cerveau suggestible, elle était docile à toutes les suggestions. J'ajoute que le sens moral ne faisait pas contrepoids aux suggestions mauvaises. Avec une bonne direction, cet être sans spontanéité, avec une absence complète de sensibilité morale, mais sans perversité native, aurait peut-être accompli une carrière honnête. Mal dirigée, mal suggestionnée, elle est allée au déshonneur et au crime.

On se rappelle le cas analogue de l'autre Gabrielle, Bompard. Elle s'est donnée corps et âme à Eyraud, homme d'affaires beaucoup plus âgé qu'elle, vivant d'expédients. À bout de ressources, l'idée d'un assassinat lui vient ; il choisit Gouffé, huissier. À son instigation, Gabrielle Bompard le captive, et le lui amène. Tout est préparé d'avance : une cordelière pour lui passer autour du cou ; une corde avec porte-mousqueton ; moufle et poulies fixées et agencées, une corde pour ficeler le cadavre, un sac pour l'enfermer et une malle pour l'emporter. Elle lui passe la cordelière autour du cou, l'ajuste au porte-mousqueton ; Eyraud tire la corde et la pendaison est opérée. Elle passe la nuit à côté du cadavre, tandis qu'Eyraud va à l'étude de l'huissier le dévaliser. On connaît la suite ; le transport de la malle avec le cadavre dans un fossé couvert de broussailles près de Lyon ; la découverte de la malle, la fuite des assassins en Amérique ; la rencontre avec M. Garranger qui, voyant Gabrielle en de mauvaises mains, s'intéresse à elle, obtient d'elle l'aveu de son crime, la décide à abandonner Eyraud, à le suivre à Paris et à se livrer à la préfecture de police. Plus tard Eyraud est reconnu et arrêté à La Havane.

Qu'est-ce que Gabrielle Bompard ? Un être nativement dépourvu de sensibilité morale, n'ayant eu d'ailleurs que de mauvais exemples dans la maison paternelle. Encore enfant, elle attire des jeunes gens chez elle. Le crime commis, elle couche à côté du cadavre. Après son arrestation, elle raconte simplement ce qui s'est passé, revoit sans émotion le théâtre du crime, s'amuse de l'attention dont elle est l'objet, mange de bon cœur. Sa conscience morale absente ne lui reproche rien. Le rapport des médecins constate chez elle « une cécité morale, une lacune ».

En outre, elle est très suggestible, c'est-à-dire qu'elle peut être influencée par quiconque sait prendre de l'ascendant sur elle, acceptant et réalisant facilement les idées suggérées. Elle était hypnotisable et hystérique ; elle servait à des expériences dans une maison de mauvais aloi où son amant la conduisait. Elle lui reste soumise, bien qu'il la maltraite ; elle qui est jeune, agréable, ayant une certaine intelligence, du piquant, faite pour réussir dans le demi-monde, elle reste sous la domination d'un être qui n'a que des dettes, qui l'exploite et la bat. Le crime commis, elle suit son amant à travers les deux mondes, se laisse jeter par lui dans les bras de plusieurs personnes de rencontre, docile aux suggestions d'Eyraud, jusqu'à ce que M. Garranger l'en dégage et la rende docile aux siennes.

Absence de sens moral et suggestibilité excessive, telles sont les dominantes psychologiques de cet être qui n'aurait peut-être pas eu la spontanéité d'un crime, mais dont les instincts ne lui répugnaient pas, et que la suggestion pouvait y entraîner, sans contre-suggestion native ou acquise du sens moral. Elle était en prison depuis huit années, quand elle m'écrivit une lettre très correctement écrite où elle me priait, sans me connaître, d'intervenir auprès de la Ligue des Droits de l'homme pour lui faire obtenir sa liberté ; trouvant tout naturel qu'on intervînt pour elle, comme on était intervenu pour Dreyfus. Cette lettre ne disait pas un mot du crime ; comme si de rien n'était. Ingénuité de candeur morale !

L'affaire suivante qui s'est dénouée en 1891 devant la cour d'Oran me paraît très intéressante à notre point de vue. Jane Weiss, née Daniloff, était fille d'une mère, nihiliste russe exilée qui faisait sa médecine à Paris, et de son amant, homme marié, occupant une assez haute position mondaine. Sa mère mourut ; elle fut élevée par sa grand-mère, femme excentrique, joueuse à Monaco, vivant dans les milieux les plus divers, lettrés, officiers, étrangers, femmes galantes. À onze ans déjà, elle devint amoureuse d'un Français, d'une trentaine d'années. À dix-sept ans, à Paris, elle fit la connaissance d'un autre dont elle devint la maîtresse : elle ne l'aimait pas, dit-elle, mais avait besoin de tendresse. M. Weiss, lieutenant d'artillerie, conçut pour elle une passion violente et finit par l'épouser, après avoir donné pour cela sa démission, il devint administrateur civil à Aïn Fezza. Ce mariage fut très heureux pendant cinq années. Deux enfants étaient nés, quand vint un jeune ingénieur, Rocques, qui en devint follement amoureux. Elle résista d'abord, puis partagea cet amour, et fut sa maîtresse. À partir de ce moment, elle ne s'appartient plus. « Tout ce qu'il veut, dit M. Tarde, il faut qu'elle le fasse, si insensé que ce soit. Il se glisse la nuit dans la chambre conjugale, près du lit où dorment les deux époux, réveille Jane et lui dit : « Viens ! » et elle le suit dans la pièce voisine. « Il m'était, dit-elle, impossible de lui résister. » Elle a fait tous ses efforts pour briser ses relations avec lui : elle n'a pas pu. Elle a appelé son mari lui-même à son secours. Tentative désespérée ! Bientôt l'idée fatale du poison, suggérée, dit-elle, par son amant jaloux, s'implanta, après une certaine lutte, dans son cerveau. La résolution est prise : elle lui verse dans ses aliments, par petites doses, la liqueur arsenicale que Rocques lui envoie ; elle continue, sans pitié auprès du lit de son mari malade, à verser les gouttes de poison au milieu des caresses. Elle écrit à son amant : « Je n'ai plus de poison. Envoie-m'en une provision dans les babouches des enfants. » Cette lettre interceptée fit découvrir le crime. Rocques, arrêté en Espagne, se suicida.

Dans toutes ses dépositions, l'accusée affirme avoir agi à l'instigation de son amant. Dans une lettre au crayon écrite au juge d'instruction, elle écrit : « Certainement sans les ordres formels, impératifs, réitérés qu'il m'a donnés, je n'aurais pas eu la force d'agir. « On dirait que tu as peur d'agir, m'écrivait-il. Eh bien ! oui, c'est moi qui le veux, moi qui l'ordonne. Sois la main et la main seulement, je serai la tête, la force et la volonté. » Je jure sur la tête de mes enfants que pas un mot de ceci n'est douteux, c'est la vérité purement et simplement. » « Jane Daniloff. »

« C'est lui, dit-elle à l'audience, qui a exigé la disparition de mon mari. Il voulut même tout d'abord me forcer à me servir de cyanure de potassium. Je n'ai point agi de mon libre arbitre. J'ai obéi aux ordres que me donnait l'homme que j'aimais ; ces ordres impératifs sont encore réitérés dans ses dernières lettres arrivées depuis mon arrestation. Pendant une année entière, j'ai lutté contre la force qui me maîtrisait. N'avais-je pas sous la main ce terrible cyanure ? Et qui sait le nombre de fois, où, après avoir juré d'en finir, je reposai ce flacon, saisi d'une main décidée à obéir. J'avais beau me débattre, je ne m'appartenais plus. M. R... avait fait naître en moi, une femme que j'ignorais, une femme violemment passionnée, passivement soumise. Non seulement, il a bouleversé mon existence, mais il a bouleversé mon être intime tout entier. »

Le médecin expert rapporte le fait suivant :

Le 2 décembre, Mme Weiss était entrée à l'hôpital, portant sa petite fille Berthe dans ses bras ; l'enfant meurt deux jours après, et l'expert a pu constater l'impression profonde que cette perte a produite sur l'état mental de sa mère. Il l'a surprise une fois, à l'improviste, à moitié couchée dans son lit, tenant serrés dans ses bras les vêtements de son enfant et versant silencieusement des larmes abondantes. Au réveil, elle avait perdu la notion exacte des choses, elle se figurait que sa petite fille était encore vivante et qu'on la lui avait rendue guérie : « J'ai retrouvé ma mignonne, ma chérie, s'écria-t-elle avec joie ; enfin on me l'a rendue, non plus froide, comme elle était, mais rose et gazouillante. »

Le même jour, elle écrit à sa grand-mère. « J'ai été souffrante ces jours-ci, j'avais une hallucination atroce ; ma mignonne ayant très froid, je me figurais qu'elle était morte, etc. Hier samedi, j'ai obtenu qu'on la fasse revenir à la prison et j'ai retrouvé ma petite. » Le juge d'instruction constate lui-même à la prison cette illusion dans laquelle vivait l'accusée. Le lendemain, le procureur et le juge se rendirent ensemble à la prison et constatèrent la persistance du même phénomène. Les vêtements de la petite Berthe étaient étalés sur un lit et c'est là que la mère voyait son enfant endormi.

Mme Weiss fut condamnée à vingt ans de travaux forcés. Elle implora le pardon de son mari qui le refusa. Rentrée dans sa prison, elle se suicide, en absorbant de la strychnine.

Exaltation de sensibilité affectueuse, de passion folle et amoureuse, suggestibilité excessive, hallucinabilité, grande faiblesse de sens moral, telle est la formule de cette psychologie féminine. L'idée criminelle ne trouva pas un frein suffisant.

L'auto-suggestion du crime peut se développer chez certaines âmes par les événements de la vie. Que l'idée vienne d'un suggestionneur, ou qu'elle soit suggérée par les mouvements de l'âme, le phénomène est le même. Je rappelle, en la résumant, cette observation démonstrative.

Meunier, ancien commis de forges, préposé de douanes, père de deux enfants, de famille honnête, était connu par la régularité de sa conduite, ses mœurs irréprochables ; c'était le modèle du père de famille. Il soigna sa femme avec beaucoup de dévouement, devint veuf et continua à s'occuper de ses enfants, jouant avec eux ou les menant promener.

Obligé par son service d'être jour et nuit hors de chez lui et ne pouvant abandonner ses enfants, il songea à se remarier pour leur donner une nouvelle mère. On lui parla d'une fille du pays, Mlle J. qui appartenait à une honorable famille, avait un peu de bien, entre autres, une maison à Amernont ; elle avait un frère dans l'armée, capitaine d'infanterie de marine décoré. Ce mariage lui souriait, flattant son amour-propre. Cette idée de mariage devint pour lui une vraie obsession. Il décida qu'il épouserait Mlle J. Il connaissait cette personne depuis longtemps ; elle était d'ailleurs très laide, rousse, petite ; elle n'éveillait pas en lui la moindre passion. C'était un mariage de raison qui devint son idée fixe. Il écrit à Mlle J. et lui demande la permission d'aller la voir.

Sa première démarche est encouragée. Mais on lui écrit qu'il ne doit pas insister ; il n'est pas assez riche pour elle, elle ne veut pas épouser un veuf avec deux enfants ; elle ne veut pas quitter le pays, parce qu'elle y a une maison.

Meunier cherche en vain à vaincre la résistance de Mlle J... Rien ne fait. Son idée fixe le poursuit. « Si vous me repoussez, dit-il, je viendrai me brûler la cervelle à vos pieds. »

Alors commence une série de crimes épouvantables. Il n'est pas assez riche. Il le sera. Pour cela, il s'introduit chez un vieux prêtre d'une commune voisine, l'assassine avec sa servante, vole tout l'argent qu'il trouve au presbytère et incendie la maison pour faire disparaître les traces du crime.

Quelque temps après, Meunier se présentait chez Mlle J., lui annonçant qu'il était riche, qu'il avait fait un héritage, et renouvelait sa demande en mariage. Elle objecta encore qu'elle voulait ne pas quitter le pays et demeurer dans sa maison.

Quelques jours après, cette maison, qui faisait obstacle à son projet, devenait la proie incendie.

Meunier écrit une lettre de condoléances et espère que, puisque rien maintenant ne la retient plus au pays, elle pourra le suivre.

Elle répond en l'assurant de toute son estime, mais ajoute que sa mère ne donnera jamais son consentement à un mariage avec un veuf, père de deux enfants.

Il décide d'en supprimer un, et une nuit, après avoir soupé avec lui et l'avoir couvert de caresses, il lui brise la colonne vertébrale en pressant la tête sur le bord du lit en fer ; puis le plaça dans une position qui pouvait faire croire qu'il était mort étouffé. Puis il annonça à Mlle J. le malheur qui le frappait. « Son cher petit Julien venait de succomber à un mal foudroyant. Et il l'adjurait d'être à lui. Elle refusa par une fin de non-recevoir.

Alors, saisi d'une haine implacable, ayant conscience de ses forfaits, il conçut des idées de vengeance ! Il alla s'embusquer près de la maison

J. et une nuit, il tira sur le capitaine J. qui sortait et tomba l'épaule fracassée. Il a prétendu qu'il voulait tirer sur Mlle J.

La rumeur publique dénonça Meunier comme l'auteur de ce dernier attentat. Il fut arrêté et on découvrit alors qu'il était l'auteur de tous les crimes qui, depuis trois mois, avaient jeté la consternation dans le pays.

Il fut condamné à mort, eut une bonne attitude à l'audience, accepta sans défaillance la sentence du jury, la reconnut méritée, et attendit l'expiation avec une grande force de caractère. « J'ai tué mon sang, dit-il, je mérite la mort, je saurai mourir. » Et pendant que l'exécuteur faisait les derniers préparatifs, Meunier, la tête haute, se tourna vers les personnes présentes dans la cellule. « Je ne suis pas un criminel, messieurs. Ah ! Les femmes ! Par amour d'une fille, tuer son propre sang. Un homme qui n'avait jamais rien eu avec personne et qui avait toujours eu une bonne conduite ! Quand vous voudrez, je suis prêt ! Un bon Français n'a pas peur de la mort. Un bon soldat comme moi ne la craindra pas ! »

Cette observation n'est-elle pas éminemment instructive ? Un homme, jusque-là honnête, qui a le sentiment du devoir et de l'honneur, devient voleur, incendiaire, assassin, pour supprimer tous les obstacles qui l'empêchent d'arriver à son but, faire un mariage non d'amour, mais de raison, dont l'idée est devenue obsession chez lui ! Meunier, malgré des idées acquises par l'éducation d'honnêteté et de devoir, n'avait aucune sensibilité native ; il tue son enfant et fume la pipe à côté du cadavre de son enfant ; il témoigne des regrets parce qu'il a manqué au devoir et à l'honneur ! Il a tué son sang ! Il n'a pas la pitié, ni le remords. C'est, comme toujours, cette absence native de sensibilité morale qui a laissé un libre champ à l'auto-suggestion criminelle.

4) IMITATION. PUBLICITÉ.

Ces observations montrent bien l'influence que l'élément suggestif joue dans l'évolution du crime individuel.

Et les attentats politiques, révolutionnaires, anarchistes, ceux créés par le fanatisme religieux, ceux des grévistes, n'est-ce pas de la suggestion collective ?

L'imitation, la publicité, le théâtre peuvent donner l'idée d'un crime et faire office de suggestion sur certaines natures instinctives et amorales. À peine a-t-on signalé l'assassinat d'un garçon de recette, ou un assassinat en chemin de fer, qu'un second crime calqué sur le premier se commet. Le supplément du *Petit Temps* du 19 novembre 1910 relate l'histoire intéressante d'un criminel de Leipzig racontée par lui-même ; j'en extrais le passage suivant : « Par hasard, j'ai vu une fois dans un journal que quelqu'un avait attaqué un facteur de lettres chargées. Le même jour, tandis que je rentrais tranquillement chez moi, j'ai rencontré par hasard un facteur de cette espèce, sur quoi l'idée m'est venue que cet homme-là aussi pouvait fort bien être dépouillé. De retour à la maison, je me suis enfermé dans ma chambre, et j'ai longtemps combattu contre moi-même ; mais enfin je me suis résolu à exécuter l'acte projeté. » Suit le récit du crime. Voici un crime par imitation. On jouait à Vienne, en janvier 1907, une pièce pornographique, *Fleurs de trottoir*. Dans l'une des scènes, on représente un souteneur étranglant sa maîtresse avec une serviette éponge. À cette représentation assistait un jeune homme de vingt-deux ans, bien connu en ville. Il vit comment on procédait et prit sur son cahier de papier à cigarettes quelques indications destinées à lui rappeler certains mouvements. À son retour dans sa chambre, à 2 heures du matin, il étrangla sa maîtresse exactement dans les mêmes conditions qu'il avait remarquées sur la scène. Il l'a avoué lui-même.

Si la peur du châtiment peut agir comme contre-suggestion pour arrêter le bras de l'assassin, et inhiber certains malfaiteurs, il semble cependant que la restauration de la guillotine n'ait pas diminué la statistique du crime ! On dirait qu'elle marche de pair avec la publicité progressive de la presse.

Celle-ci relate, dans tous ses détails, les grands crimes, les beaux crimes ; elle les dramatise. L'attitude du criminel, sa vie antérieure, le sang-froid et l'ingéniosité déployés par lui, tout cela, illustré par le portrait de l'assassin, est offert en pâture à l'imagination des lecteurs. Beaucoup, avides d'émotions, restent sous l'impression obsédante de ces drames passionnants ; et certains impulsifs pervers y trouvent un entraînement suggestif, une invite malsaine au crime.

On sait combien les enfants, instinctifs et impulsifs, dont la raison ne refrène pas encore l'imagination, subissent facilement les influences ; ils jouent aux brigands, aux apaches. Certains mettent leur point d'honneur à être chefs d'apaches ; ils mettent volontiers en action les scènes qu'ils ont lues ou entendues.

À un âge plus avancé, le cerveau est plus mûr, les impressions moins vives, moins naïves ; l'éducation, le jugement, les facultés de contrôle tempèrent l'automatisme instinctif. Mais il y a de grands enfants qui restent toute leur vie instinctifs et impulsifs et dépourvus de sensibilité morale.

---

1. ALBERT BONJEAN : *L'Hypnotisme ; ses rapports avec le droit et la thérapeutique*, Paris, 1890.

CHAPITRE 11

ATTENTATS COMMIS SUR UNE PERSONNE EN ÉTAT D'HYPNOTISME OU DE SUGGESTION. — VIOL PAR SUGGESTION.

Des attentats peuvent-ils être commis contre certaines personnes à la faveur d'une suggestion qui annihile leur résistance ? Peut-on, par exemple, violenter une femme grâce à la suggestion ? Cela n'est pas douteux, si on donne à ce mot la signification que nous lui donnons. La séduction n'est en réalité qu'une suggestion, soit qu'on impose à une femme un amour passionné qui la livre sans défense, soit qu'on lui communique un désir sensuel excessif qui la livre à son séducteur. Qu'est-ce autre chose qu'un état de suggestion à laquelle certaines résistent, à laquelle d'autres ne peuvent résister ? Et cette excitation passionnelle ou sensuelle suggérée produit en réalité un nouvel état de conscience, voire un état somnambulique qui peut être suivi d'amnésie, comme dans les observations que j'ai relatées.

L'attentat peut-il être commis à la faveur d'une hallucination négative chez un sujet susceptible d'en avoir ? Il ne voit plus ; il n'entend plus, il ne semble plus percevoir les impressions émanant du suggestionneur, bien qu'en réalité, nous l'avons vu, il les perçoive, puisqu'on peut en éveiller le souvenir ; et ceci est important, puisque si attentat il y a eu, il ne reste pas à tout jamais ignoré de la victime. Mais l'illusion négative est-elle assez grande pour que, dans cet état, une violence dont il est l'objet ne trouve pas de résistance ? Les expériences que j'ai faites m'ont laissé cette impression que certaines se laisseraient faire sans protester. Mais d'autres ne resteraient pas dupes de leur illusion et reviendraient au sentiment de la réalité, par l'instinct de défense. Cependant, mes expériences n'ont pas été suffisantes, on le comprend, pour résoudre complètement cette question.

La suggestion peut-elle produire chez certains sujets un état d'inconscience ou de léthargie à la faveur duquel l'attentat peut être commis à l'insu du sujet, comme dans le sommeil chloroformique ? On cite partout le cas de cette jeune fille de Rouen, violée à son insu et devenue enceinte des œuvres d'un dentiste qui la traitait. La jeune fille, ayant sur les indications du dentiste relevé et maintenu ses lèvres sur ses narines, sentit au bout de quelques minutes qu'elle perdait connaissance. Les jours suivants, même crise d'inconscience et d'insensibilité, et c'est dans cet état, à son insu, que le viol fut commis et répété.

Brouardel, qui fit l'expertise médico-légale, admet que cette jeune fille nerveuse, placée par le dentiste dans une position telle que couchée, les mains relevant la lèvre supérieure, empêchant la vue de se diriger en bas et obligeant les globes oculaires à se porter en haut, est tombée dans le sommeil hypnotique.

Ce n'est pas par suggestion, c'est par léthargie hypnotique que le viol aurait été commis.

L'opinion de Brouardel, acceptée par Gilles de la Tourette, résulte de l'ancienne conception erronée de l'hypnose. Celle-ci, comme je l'ai dit, n'est jamais un sommeil inconscient. On ne peut pas plus violer une femme dans le sommeil dit hypnotique que dans le sommeil normal. Il s'agit dans ce cas d'une crise d'hystérie émotive due à l'impressionnabilité nerveuse de la jeune fille actionnée par les manœuvres du dentiste. L'hystérie peut déterminer des crises de sommeil sans convulsions, avec inertie totale physique et morale. Chez quelques-unes, la conscience n'est pas abolie pendant ces crises ; elles entendent, se rendent compte, conservent le souvenir, mais sont incapables de parler et de réagir ; c'est la défaillance nerveuse. Les crises dites syncopales fréquentes chez certaines femmes, ne sont que des crises de sommeil ou de défaillance nerveuse. Chez celles qui y sont sujettes, les premières tentatives d'hypnotisation, par l'émotion qu'elles déterminent, donnent souvent lieu à ces crises de sommeil hystérique, au lieu de donner lieu à l'hypnose.

Tel était le cas chez cette fille qui était une hystérique. Depuis ces séances, la mère déclare qu'elle s'endort à tout moment ; elle accusait des étouffements, des cauchemars, des spasmes, etc.

Une autre jeune fille aurait été violée dans un état analogue par un jeune homme qui avait l'habitude de la magnétiser. Le docteur Ladame, de Genève, a fait sur ce cas un rapport médico-légal. « Il m'a magnétisée, dit-elle, à la cuisine, sans m'en demander la permission ; puis, à un certain moment, je me suis à demi réveillée ; j'ai vu confusément que j'étais sur son lit ; et j'ai senti qu'il était sur moi ; j'ai voulu le repousser ; mais je n'avais aucune force ; et lorsqu'il a vu cela, il m'a endormie encore plus profondément que la première fois ; j'ai voulu crier, mais je n'ai pas pu, etc. »

Il s'agit là de cet état que j'ai appelé défaillance nerveuse et que les auteurs appellent à tort léthargie lucide ; c'est une variété de crise d'hystérie.

Dans ce cas, ce ne sont pas des viols par suggestion, mais des viols à la faveur d'une impuissance créée par l'émotion. C'est un viol par effraction tel qu'on le commettrait chez une apoplectique, une paralytique incapable de se défendre et de crier. Dans le sommeil ordinaire, il n'y a ni inconscience, ni impuissance. Une femme qu'on veut violenter se réveille et résiste. Il en est de même dans le sommeil provoqué, à moins qu'une crise de sommeil hystérique émotif ne soit venu se greffer sur l'hypnose ; ce que j'ai observé assez souvent.

CHAPITRE 12

SUGGESTION DANS L'ÉDUCATION. —
INNÉITÉ. ATAVISME. — ÉDUCATION
MORALE ET INTELLECTUELLE. — DIRECTION
DES INSTINCTIFS ET IMPULSIFS. —
ABERRATIONS COLLECTIVES. —
PSYCHOLOGIE DES FOULES. —
RESPONSABILITÉ MORALE.

1) SUGGESTION DANS L'ÉDUCATION.

Nous avons dit que si la suggestion peut réaliser un crime chez un impulsif, si elle peut fausser le sens moral, elle ne peut cependant pas le détruire, lorsqu'il est robuste. Sans doute une âme bonne et honnête peut être momentanément dévoyée par une suggestion habile et malsaine, ce qui se voit tous les jours ; elle ne peut pas être radicalement et définitivement pervertie par elle. La suggestion ne peut ni créer le sens moral, nativement absent, ni détruire le sens moral inné. « L'hypnotisé, dit Delbeuf, n'est pas si peu lui que d'autres inclinent à le croire. Malgré toute sa docilité superficielle, il y a des choses qu'il ne fera absolument pas. Chérubin ne fera pas Jack l'Éventreur, ni Marie Alacoque la Marion Delorme. » Les qualités morales natives et l'éducation qui les a développées et appliquées constituent elles-mêmes des suggestions antérieures et supérieures à celles qu'un être mal intentionné pourrait lui opposer. « Tu ne voleras pas ! Tu ne tueras pas ! Tu ne tromperas pas ! » Cette formule morale inscrite par l'éducation suggestive dans un cerveau né honnête, lui suffira pendant toute sa vie à ne pas accepter les suggestions pernicieuses auxquelles il sera exposé.

Mais il y a des méfaits moins graves que le vol et le meurtre, et le sens moral n'est pas toujours parfait ; il peut être faible et faillible. Tous les hommes ont certains germes de défaillance morale que la suggestion peut développer. La perfection n'est pas de ce monde.

Si la suggestion ne peut pas transformer tous les honnêtes gens en malfaiteurs, peut-elle transformer un vicieux en honnête homme ? Peut-elle créer le sens moral absent ? Est-il vrai de dire avec Durand de Gros que le braidisme nous fournit les bases d'une orthopédie intellectuelle et morale qui sera inaugurée un jour dans les maisons d'éducation et dans les établissements pénitentiaires ?

Élargissons la question et demandons-nous ce que peut faire la suggestion dans l'éducation. Jusqu'à quel point les passions, les instincts, les tendances morales, les facultés de l'esprit peuvent-elles être modifiées par une suggestion prolongée et habilement conduite soit à l'état de veille, soit à l'état de sommeil ?

Et d'abord, je répète ce que mes expériences nombreuses m'ont permis de conclure. La suggestion dite hypnotique n'impose pas fatalement les idées aux cerveaux ; elle ne fait pas plus que la suggestion à l'état de veille. Un hypnotiseur ne sera pas un éducateur automatique ; il ne fera pas plus, il fera moins, s'il n'a pas l'habitude des enfants, qu'un précepteur sagace et expérimenté, qui sait captiver leur esprit, et adapter sa suggestion éducatrice à l'individualité morale des sujets.

On sait combien l'éducation de l'enfant, les doctrines philosophiques et religieuses dans lesquelles il est bercé dès son plus jeune âge, les notions et les impressions que le milieu ambiant lui communique déteignent sur lui et impriment à son être moral une empreinte qui persiste toute sa vie. Les hommes mûrs, chez qui l'expérience personnelle de la vie a émancipé le cerveau, conservent souvent, en dépit de toute leur indépendance d'esprit, de toute leur libre raison, un vieux fonds d'idées dont ils ne peuvent plus se départir, parce qu'elles se sont incarnées dans leur cerveau à la faveur d'une longue suggestion antérieure, bien que ces idées jurent avec leur mentalité actuelle. « Sans que l'on s'en rende compte, dit Liébeault, on acquiert des notions morales et politiques, des préjugés de famille, de race, etc., on s'imprègne des idées qui font atmosphère autour de soi. Il est des principes sociaux et religieux qui ne devraient pas résister devant le sens commun, pour ne pas dire devant la raison, auxquels on croit de bonne foi, et que l'on défend comme son propre bien. Ces principes étaient ceux des ancêtres ; ils sont même nationaux, ils se sont incarnés du père aux fils. Les détruire par le raisonnement est impossible ; et par la force, c'est dangereux. On a beau en démontrer la fausseté ; il y a dans les hommes des pensées par imitation qui, tout absurdes qu'elles sont, font corps avec eux-mêmes, et finissent par se transmettre de génération en génération, à la façon des instincts »

L'éducation cependant, quelque suggestif que soit l'éducateur, quelque docile que soit l'enfant, ne fait pas ce qu'elle veut. Beaucoup de personnes simplistes et honnêtes croient que l'enfant naît avec un cerveau vierge dans lequel l'éducation sème la bonne ou la mauvaise graine. L'homme serait ce que l'éducation le fait. Les vertus feraient honneur aux éducateurs qui les ont développées, les vices accuseraient une éducation vicieuse.

Cette conception, que les doctrines religieuses semblent admettre, ne résiste pas à l'observation. L'enfant naît avec un certain fonds moral et psychique atavique. D'une part, il reproduit certains caractères physiques, traits de physionomie, allures, gestes, intonations de voix, et jusqu'à certains tics ou certaines difformités d'un parent ou d'un ancêtre plus ou moins éloigné ; d'autre part, il reproduit certains caractères moraux et intellectuels qui peuvent constituer l'un des types psychiques, héréditaires de la famille.

Ce n'est pas toujours dans les générateurs directs qu'on trouve l'équivalent des germes moraux et psychiques qui évoluent chez l'enfant. Il en est d'eux comme des germes morbides ; ceux-ci aussi peuvent rester latents pendant certaines générations et se développer seulement chez l'un des descendants. Quoi qu'il en soit, l'enfant naît un peu ce qu'il est ; son avenir est dans l'œuf ; il a des instincts, des aptitudes, des modalités nerveuses et intellectuelles qu'il apporte au monde et qui le déterminent avec une certaine fatalité. Voici deux frères élevés dans le même milieu, soumis aux mêmes exemples, à la même éducation ; l'un sera docile, honnête, laborieux ; l'autre sera indocile, paresseux, vicieux. Les parents useront sur lui toute leur influence : châtiments, éloquence, suggestion religieuse, rien n'y fera. Chez tel, l'éducation maternelle ne parvient qu'à recouvrir le naturel d'un vernis trompeur. La mère croit former son enfant à son image ; le naturel inscrit dans l'œuf revient au galop dès que l'enfant vole de ses propres ailes et la mère ne reconnaît plus son œuvre.

Chez tel autre, son influence bien dirigée réprime et atténue certains instincts héréditaires, moins profondément incarnés ; elle corrige dans une certaine mesure l'œuvre mauvaise de la nature.

Des parents robustes et sains peuvent procréer un monstre

physique. D'autres sains de corps et d'esprit procréent un monstre moral.

Entre ces cas extrêmes, enfant foncièrement bon, enfant foncièrement vicieux, rebelle à toute suggestion, toutes les transitions s'observent.

Une bonne éducation peut développer les germes qui existent, aptitudes morales et psychiques ; elle ne peut pas les créer chez ceux qui en sont dépourvus.

Là où le sens moral n'existe pas, aucune suggestion ne peut le faire naître, pas plus que l'éducation physique ne peut faire pousser un membre qui fait défaut. L'une ne peut sans doute remédier à certaines perversions instinctives incurables, pas plus que l'autre ne peut supprimer certains vices de conformation.

Mais ce sont là, fort heureusement, des cas extrêmes. La plupart des enfants naissent avec des germes bons et mauvais. La suggestion, c'est-à-dire l'éducation bien dirigée, peut développer les uns et atténuer les autres.

Il ne serait donc pas exact de dire que la doctrine de l'innéité et de l'atavisme commande le fatalisme et la résignation. À côté de suggestions ataviques, viennent aussi des suggestions par l'éducation et les incitations du monde extérieur ; et c'est pour cela que l'éducation doit intervenir pour neutraliser dans la mesure du possible les germes vicieux, pour opposer aux impulsions natives un contrepoids de suggestions coercitives, pour développer les aptitudes morales et intellectuelles qui, faute de culture, resteraient embryonnaires, en friche.

Prenons quelques exemples. Tel enfant naît bon, compatissant, avec une grande sensibilité morale ; son âme s'émeut devant les souffrances d'autrui, et les injustices. Les mauvaises suggestions, nous l'avons dit, n'arriveront pas à pervertir cette âme honnête et altruiste. Tel autre n'a pas de sensibilité morale ; son âme forte, mais peu impressionnable, indifférente, sans être pervertie, ne s'émeut pas, ne connaît pas la répugnance, l'horreur ou la pitié que soulèvent chez le premier certains actes. Celui-ci peut, nonobstant, rester honnête, si l'éducation lui a suggéré la notion du juste et de l'injuste, la *notion, sinon le sentiment* du devoir, la notion du point d'honneur, suggestions acquises qui peuvent faire contrepoids à l'absence de sensibilité morale.

L'éducation religieuse peut chez certains créer une discipline rigoureuse de l'esprit et servir de frein à certaines impulsions mauvaises. J'ajoute cependant que si cette éducation est mal dirigée, si elle s'inspire d'une religion déformée par les passions humaines, ayant perdu son caractère évangélique, devenue étroite et intolérante, elle peut déformer la sensibilité morale et allier une austérité de vie et de mœurs respectable à une grande sécheresse de cœur, à une âme dure et froide.

D'autre part, une éducation trop positive, une morale rationnelle trop sèche, qui s'adresse à la raison plutôt qu'au cœur, crée parfois un scepticisme étroit et farouche qui peut devenir dangereux.

Certaines âmes ont soif de religiosité ; je n'appelle pas ainsi un dogme, mais un idéal vague, poésie indéfinissable de l'âme, aspiration quelque peu mystique vers l'inconnu. Mirage et illusion, soit ! Mais il leur faut plus que le sens moral, plus que la notion du juste, il faut un idéal spiritualiste, philosophique, plus élevé, qui berce l'imagination, adapté à l'individualité du sujet, tutelle contre les défaillances du cœur et de l'esprit.

Mais, je dois le dire, cette religiosité vague et philosophique n'est pas à la portée de tous. L'idée abstraite n'est pas comprise par les masses. Elle ne leur devient compréhensible qu'à la faveur d'un emblème, d'une incarnation, d'un culte pratique. Les religions diverses, telles qu'elles sont actuellement, ne sont, je le veux bien, que la matérialisation plus ou moins grossière, souvent avec perversion à notre image par nos passions, de l'idée religieuse. Malgré ses imperfections, un culte religieux est peut-être nécessaire à une partie de l'humanité.

Des considérations analogues s'appliquent à l'éducation intellectuelle. Chaque cerveau a ses aptitudes. Tel remarquablement doué pour les mathématiques, par exemple, reste rebelle à l'étude des langues, ou aux conceptions artistiques. Tel est ouvert aux notions positives et fermé aux idées abstraites. Notre système d'éducation, malgré les réformes déjà accomplies, ne tient peut-être pas encore un compte suffisant de ces données d'observations. Dans nos écoles, les jeunes gens sont soumis à une éducation trop uniforme ; on veut les couler dans le même moule ; on veut les passer par la même filière pour aboutir des carrières différentes. Combien d'intelligences, bien douées à certains points de vue, enrayées ou avortées par une discipline inintelligente qui ne se préoccupe pas assez des incompatibilités intellectuelles. Vouloir introduire de force dans tous les cerveaux toutes les branches des connaissances humaines, c'est vouloir forcer chaque sol à mûrir tous les germes du règne végétal. Faire produire à chaque cerveau ce qu'il est capable de produire, féconder et développer les aptitudes natives de chacun, adapter l'éducation de chacun à sa suggestibilité spéciale, tel est le rôle de la pédagogie éclairée à la lumière de la psychologie.

2) INSTINCTIFS ET IMPULSIFS.

L'éducation morale, avec l'éducation intellectuelle, ne fait pas ce qu'elle veut. Sans doute elle peut parfois inhiber des habitudes morbides, qui ne sont pas trop invétérées. Bien dirigée, elle peut guérir l'alcoolisme, l'onanisme des enfants, le tabagisme, les vices acquis et entretenus par l'auto-suggestion.

Elle est impuissante ou simplement palliative contre les infirmités natives psychiques et morales. Voici, par exemple, un jeune homme qui, sans être vicieux, est depuis son enfance instinctif. Sous une façade assez brillante, il cache une nullité intellectuelle associée à une suffisance prétentieuse. Il se croit capable de tout et n'est capable de rien. Il est paresseux, n'a aucun esprit de suite et ne peut s'appliquer à rien, entraîné par ses instincts et son impulsivité d'une idée à une autre, d'une occupation à une autre. Son père, intelligent et énergique, croit à une mauvaise volonté, et cherche à le corriger, à le discipliner : il ne réussit qu'à l'aigrir, à l'irriter, à le rendre menteur et sournois. Malgré mes avis, le père persiste dans son système, l'envoie à l'étranger dans une maison de commerce, d'où on le renvoie comme indiscipliné ; puis il le fait engager dans l'armée où il encourt punition sur punition et se fait envoyer dans les compagnies de discipline.

Quand il est rentré au domicile paternel, je réussis enfin à éclairer le père, à le persuader que le jeune homme n'est pas vicieux, mais incapable, instinctif, sans volonté autre que celle subordonnée à ses instincts, que ses mauvais penchants s'étaient développés par suite de la sévérité paternelle comprise, interprétée comme persécution non justifiée à son égard. Je fis comprendre qu'il y avait là un vice congénital et incurable du cerveau psychique et je conseille de traiter l'infirme avec douceur, avec affection, sans le brusquer, ni le froisser et de ne pas demander à son cerveau plus qu'il ne pouvait donner. Ainsi fut fait. Et depuis des années, ce jeune homme, s'il ne fait pas grand-chose de bien utile, au moins ne fait pas de mal, et vit en paix au milieu de sa famille, qui sait le diriger.

Une direction morale mauvaise, bien que rationnelle en apparence, a aggravé et exaspéré une infirmité morale mal interprétée. Une direction morale autre, conseillée par une psychologie plus éclairée, a amélioré la situation. Les exemples analogues sont très nombreux, et c'est pour cela que j'insiste.

À un degré inférieur sont les faibles d'instincts qui ont en plus de la perversion instinctive, dont les sentiments et actes extravagants ou même malfaisants, impulsifs, ne sont pas refrénés par le sens moral absent ou faussé.

Ils sont déjà dans l'enfance, et restent souvent toute leur vie, des fléaux de famille ; ils peuvent être alcoolisés, ou débauchés, ou voleurs, ou joueurs, ou vagabonds suivant l'impulsion dominante. Quelques-uns ont cependant de l'intelligence et même des qualités brillantes susceptibles d'être dirigées dans un but utile. Parmi ces êtres dégénérés, il en est qui, intelligents pour satisfaire leurs instincts, parfois capables de s'assimiler les notions courantes, peuvent même briller dans un salon et faire illusion sur leur valeur, remplissant bien, lorsqu'ils sont bien dirigés leurs devoirs sociaux, mais en réalité dépourvus de volonté, si ce n'est pour assurer leurs désirs, sans résistance morale, marchant comme l'instinct les pousse.

Cet état psychique comporte d'ailleurs des degrés et des variantes nombreuses.

Il en est qui, sous une bonne direction, peuvent accomplir encore une carrière convenable ; mais ils ont besoin d'une tutelle morale. Abandonnés à eux-mêmes, ils échouent souvent misérablement dans les prisons et les asiles d'aliénés. Ni l'un ni l'autre ne leur conviennent.

Une organisation sociale reste à étudier pour la tutelle de ces dégénérés, pour les surveiller, les diriger, en obtenir le meilleur rendement possible, les protéger contre eux-mêmes et protéger la société contre eux. Ce ne sont pas des aliénés à enfermer, ni des coupables à châtier, mais des infirmes moraux à diriger. Il y a là une grande lacune sociale à combler.

3) ABERRATIONS COLLECTIVES. PSYCHOLOGIE DES FOULES.

À ces considérations sur la direction morale et l'éducation des individus, j'ajoute quelques mots sur la direction morale et l'éducation des masses collectives. Certaines aberrations intellectuelles, agissant vivement sur l'imagination populaire, engendrent des névroses collectives, des épidémies nerveuses. Le dogme du diable et de la possession, la croyance à la sorcellerie, les pratiques de l'exorcisme créent des suggestions terrifiantes qui font des hallucinés et des convulsionnaires ; et cette hystérie démoniaque se propage par imitation. On connaît les nombreuses épidémies qui ont désolé l'humanité jusqu'au siècle dernier. Au XVe siècle, c'est la danse de Saint-Guy en Allemagne et dans les Pays-Bas, c'est le tarentisme en Italie ; au XVIIe, c'est la possession des Ursulines d'Aix, et des Ursulines de Loudun ; celle des filles de Sainte-Élisabeth à Louviers ; au XVIIIe, ce sont les convulsionnaires de Saint-Médard sur la tombe du diacre Pâris ; en plein XIXe, ce sont les névroses convulsives provoquées en Angleterre et en Amérique par les prédications religieuses dans les assemblées protestantes, dites revivals et camp meetings, ce sont deux épidémies de possession démoniaque à Morzine, en Savoie, en 1860, et à Verzegins (Italie) en 1878 ; et je ne cite que ces exemples.

Avec les progrès de l'instruction et l'émancipation des cerveaux, affranchis des superstitions séculaires, ces hystéries collectives suggérées tendent à disparaître.

Mais d'autres aberrations morales collectives, qui ne sont plus en apparence du domaine médical et cependant plus dangereuses, se développent tous les jours. On a décrit la psychologie des foules impulsives, crédules, entraînées sans réflexion, par l'automatisme des bonnes comme des mauvaises excitations. La presse, les livres, l'imitation, les tribuns, une formule expressive et opportune passionnent et captivent les masses. Et voyez combien mobile est leur instinct ! Une idée noble et généreuse circule et met tous les cœurs à l'unisson ; tous fraternisent sur l'autel de la patrie ; c'est la Fédération. Trois ans après, des idées de haine, de trahison et de méfiance sont répandues par la presse et les tribuns populaires. Les masses, suggestionnées dans un autre sens, deviennent féroces. On s'est embrassé, on se guillotine avec la même conviction. Puis c'est la dictature, puis c'est la terreur blanche, puis la Révolution ; tous les courants d'opinion se succèdent avec les aberrations instinctives correspondantes. N'avons-nous pas vu la Commune, le boulangisme, l'antisémitisme, tous les fanatismes religieux, politiques, nationaux, antireligieux, toutes les passions populaires soulevées par la presse, les affiches, les réunions publiques, toutes les idées violentes jetées en pâture au peuple suggérer ces mouvements d'opinion irrésistibles et créer de vraies folies instinctives contre lesquelles les gouvernements restent impuissants ?

4) RESPONSABILITÉ MORALE.

Des considérations qui précèdent surgit comme corollaire une question importante. Nous avons vu que l'homme intellectuel et moral est dans l'œuf, que nous évoluons avec notre atavisme, portant, comme on l'a dit, nos ancêtres en nous, que les conditions extérieures, éducation, milieux, événements interviennent comme facteurs pour modifier notre milieu intérieur, que l'homme est souvent déterminé par des instincts et des impulsions innés ou acquis contre lesquels il ne peut lutter. Avec ce déterminisme que devient le libre arbitre, que devient la responsabilité humaine ? Sans doute, on se sent libre. Mais la croyance au libre arbitre, ne serait-ce pas, comme dit Spinoza, l'ignorance des motifs qui nous font agir ? Sans doute, nous nous déterminons, mais avec notre cerveau, avec l'instrument psychique inné, développé par l'éducation, qui nous dicte nos idées, nos impressions, nos agissements. Connaissant la mentalité, c'est-à-dire la constitution psychique de diverses personnes, nous devinerons souvent comment chacune se comportera dans une circonstance donnée.

Sommes-nous responsables de notre organisation cérébrale ? Sans doute l'éducation peut la modifier dans une grande mesure. Mais sommes-nous responsables de l'éducation que nous avons reçue, du lait que nous avons sucé, des événements qui ont pu former ou déformer notre psychisme ? Pouvons-nous résister toujours à l'empire de nos impressions, à notre idéodynamisme cérébral ? Ceux qui ne le peuvent, sont-ils responsables de ne pas avoir la capacité de résistance suffisante ? Les médecins savent que les instinctifs, les impulsifs — nous le sommes tous un certain degré ou à certains moments — ne peuvent souvent résister à leurs instincts, à leurs impulsions, à leurs obsessions. Le cerveau, chez beaucoup, très suggestible, réalise presque automatiquement les idées qui y sont évoquées. Il faut une grande infatuation de soi-même ou une candeur simpliste, pour oser prétendre que tout homme est libre, qu'il a devant lui le chemin de la vertu et celui du vice, qu'il peut à volonté prendre l'un ou l'autre, que toute mauvaise action dénote une âme perverse et doit être châtiée sans miséricorde. Cette conception à priori, qu'une morale conventionnelle et les religions établies semblent professer, ne soutient pas l'observation psychologique la plus élémentaire. Tout criminel est-il moralement responsable ? S'il est monstre amoral né, s'est-il fait monstre lui-même ? S'il est né moral ou immoral, avec un sens moral nul ou perverti, s'il est incapable de résister à une impulsion devenue suggestion ou obsession, est-il responsable de son infirmité ? S'il a été perverti par une mauvaise éducation, par de mauvais exemples, est-il responsable des circonstances qui ont fait sa vie ?

Il suffit d'avoir étudié les grands criminels pour reconnaître souvent que ce sont de pauvres cerveaux mal faits, faibles, impulsifs, suggestibles. Sans doute, je sais que nous avons dans une certaine mesure la faculté de nous replier sur nous-mêmes et de corriger par la raison et un certain effort de volonté les défectuosités de notre innéité. Mais jusqu'où va cette puissance ? Et pouvons-nous, étant donné un acte criminel, en face de tous les éléments, atavisme, innéité, éducation, impulsivité, suggestibilité, pouvons-nous doser la responsabilité morale réelle ?

Sans doute il y a une responsabilité légale. L'intérêt social commande la répression de tout acte dangereux, que son auteur soit ou non moralement responsable, qu'il soit déterminé par sa volonté libre ou par son organisation cérébrale native ou acquise. La société réprime l'acte, mais elle n'a pas les éléments suffisants pour mesurer la culpabilité réelle, c'est-à-dire pour punir. En réprimant l'acte, elle fait de la prophylaxie suggestive par la crainte de la répression qui peut servir de contrepoids aux impulsions mauvaises. La société se défend contre elle-même en neutralisant les instincts dangereux et nuisibles ; elle ne fait pas œuvre de justicier, mais œuvre de préservation et de défense sociale.

Ainsi envisagées, les peines décrétées par elle, mesures de salubrité publique et de suggestion morale, ne doivent pas être considérées comme infamantes. Un acte criminel ou immoral commis par l'un de ses membres ne doit pas jeter le déshonneur dans sa famille. Inspirer l'horreur de l'acte, le réprimer, plaindre l'auteur, l'empêcher de récidiver, prévenir les actes semblables, voilà tout le rôle qui incombe à notre modeste ignorance ! Telle est la conclusion que me suggère mon déterminisme cérébral personnel actionné par l'étude et l'observation des faits.

CHAPITRE 13

MÉDECINE SUGGESTIVE INCONSCIENTE. — LIÉBEAULT. — LIMITES ET INDICATIONS DE LA PSYCHOTHÉRAPIE. — DES PSYCHONÉVROSES. — HYSTÉRIE. — NEURASTHÉNIE. — PSYCHOSES PARTIELLES. — ÉLÉMENTS PSYCHONERVEUX DANS LES MALADIES ORGANIQUES.

1) MÉDECINE SUGGESTIVE ANCIENNE — LIÉBEAULT.

La médecine suggestive est aussi vieille que le monde ; bien qu'elle ne soit dégagée que de nos jours des pratiques diverses qui la cachaient. Elle était dans les procédés occultes de la thaumaturgie ancienne, dans la médecine sacerdotale des anciens, dans les incantations, les prières, les formules sacramentelles, les cérémonies religieuses, les songes provoqués dans les temples d'Épidaure ; elle était dans les superstitions du christianisme, les reliques, les tombeaux des martyrs ; elle est encore dans les pèlerinages ; elle était dans les amulettes de Paracelse, dans les talismans, dans les aimants, dans les attouchements de nos rois ; elle était dans les pratiques variées et grossières du magnétisme animal, elle était même dans les manipulations hypnotiques. La vertu thérapeutique du magnétisme animal, que Mesmer et ses successeurs attribuaient à un fluide, celle de l'hypnotisme, que Braid attribuait à des modifications de la circulation, n'agissaient en réalité qu'en actionnant l'imagination des malades. C'était de la suggestion inconsciente.

Liébeault, le premier, a bien compris que les pratiques ne sont rien, que l'idée est tout ; le premier, il a eu recours à la suggestion verbale qu'il fait dans le sommeil provoqué, dit hypnotique et il l'a systématiquement appliqué à la thérapeutique. J'ai montré qu'on peut la faire à l'état de veille ; c'est la psychothérapie moderne.

Avant d'indiquer les procédés de cette psychothérapie, disons d'abord quelles sont les maladies, quels sont les troubles fonctionnels qui en sont justiciables.

Je dois dire que son promoteur Liébeault, qui m'a initié à sa grande découverte, a exagéré sa conception doctrinale et sa foi thérapeutique, quand il dit « À côté de la pensée, les remèdes et les substances toxiques, microbes, poisons, etc., quelle que soit leur origine, ne sont plus rien comme modificateurs. Une idée introduite dans l'esprit résume les effets des médicaments les plus subtils et les plus héroïques. »

Et il ajoute : « Pourquoi la parole consciente n'aurait-elle pas le pouvoir de rendre nulles toutes les impressions que les poisons et les microbes réveillent dans l'organisme et qui se traduisent en maladies graves : fièvre typhoïde, choléra, fièvre jaune, etc. ? »

Certes, le champ de la thérapeutique suggestive est vaste ; mais il ne comprend pas toute la pathologie. Ce n'était pas, d'ailleurs, sans doute, l'opinion réelle du praticien. Mais le théoricien a certainement exagéré le rôle pathogénique et thérapeutique de la force nerveuse que, selon lui, la suggestion accumule sur un organe pour en modifier l'action. Liébeault fut un croyant, et comme beaucoup de novateurs et de croyants, il a une foi robuste en son idée directrice. Les grandes découvertes sont souvent réalisées par des esprits aventureux et enthousiastes qu'une idée enflamme et que le doute scientifique n'arrête pas. La conception pouvait paraître naïve et simpliste de guérir certaines maladies, d'obtenir des effets thérapeutiques par la parole et le sommeil provoqué. Liébeault a réalisé ce rêve ; il a érigé la suggestion verbale en méthode du traitement. La vérité scientifique, dépourvue de ses exagérations, n'est plus contestée aujourd'hui.

Sans doute la suggestion ne peut pas guérir une fracture, ni réduire une luxation ; elle n'a aucune action directe sur l'évolution des maladies organiques, fièvre typhoïde, pneumonie, tuberculose, érysipèle et autres ; elle ne tue pas les microbes, elle ne neutralise pas les poisons ni les toxines ; elle ne supprime pas la fièvre ; elle ne remplace pas la quinine, ni la digitale ni le mercure ; elle ne guérit pas les paralysés organiques.

La suggestion est efficace contre les psychonévroses et l'élément psychonerveux dans les diverses maladies.

2) PSYCHONÉVROSES.

Qu'est-ce qu'une psychonévrose ? Qu'est-ce qu'un élément psycho-nerveux :

Quelques mots d'explication sont nécessaires pour les lecteurs qui ne sont pas médecins.

Parmi les troubles fonctionnels qu'on peut observer, les uns sont dus à une maladie organique, à une lésion visible et tangible, telle une paralysie liée à une sclérose de la moelle épinière, une toux liée à une bronchite, une fièvre due à un abcès, une douleur hépatique due à des calculs biliaires, etc.

D'autres troubles sont liés à une maladie toxique qui peut troubler le fonctionnement de certains organes ou tissus, sans déterminer d'altérations visibles. Ces toxiques peuvent être d'origine externe : la morphine, la digitale, la strychnine, les poisons alimentaires font des maladies dont l'analyse chimique seule indique la cause. Ces toxiques ou toxines peuvent être d'origine interne, c'est-à-dire créés par l'organisme lui-même qui est un vrai laboratoire de toxines ; les cellules organiques par le travail de nutrition, d'assimilation, de désassimilation font des toxines, des antitoxines ; et dans ce travail chimique complexe, si l'équilibre nutritif physiologique fait défaut, des poisons ou toxines à dose nuisible peuvent s'accumuler et constituer des dyscrasies nutritives toxiques ce sont des auto-intoxications. Sans doute ces poisons organiques eux-mêmes peuvent déterminer des altérations secondaires. Mais la maladie à l'origine, avant les altérations constatées, ou sans altérations nettes, peut être uniquement toxique.

Telles sont beaucoup de maladies dites diathésiques ou constitutionnelles, l'arthritisme, la diathèse urique, le diabète, l'oxalurie, la migraine ophtalmique, la neurasthénie, certaines maladies mentales, etc.

Enfin, certains troubles fonctionnels plus ou moins persistants ne semblent impliquer aucune lésion ni organique ni toxique ; ce sont des perturbations qu'on considère comme d'origine nerveuse et qu'on appelle névroses.

Sans doute on peut dire que toute altération fonctionnelle s'accompagne d'une modification organique correspondante ; une émotion qui provoque une anxiété passagère, avec accélération du cœur et de la respiration, a produit en réalité des modifications matérielles dans le système nerveux, bien que nous ne le connaissions pas : mais ce sont des modifications transitoires qui se résolvent spontanément, modifications qu'on peut appeler dynamiques, parce qu'elles ne persistent pas et restent dans la mesure compatible avec le retour rapide au fonctionnement normal.

Il n'y a *maladie* dynamique ou névrose que lorsque cette modification dynamique, accusée par un trouble fonctionnel, dure assez longtemps ; par exemple, si l'accélération du cœur et de la respiration à la suite de l'émotion persiste un certain temps, ou si le trouble fonctionnel acquiert une intensité insolite.

Ce que je veux dire, c'est que dans ma pensée, le mot trouble fonctionnel pur ne doit pas être pris à la lettre ; cela veut dire seulement que l'altération qui l'accompagne est transitoire, comme celle qui accompagne le fonctionnement normal des organes. Entre une cellule cérébrale qui pense et une qui est inerte, le microscope ne trouve aucune différence. Entre une fibre nerveuse qui conduit une incitation motrice ou sensitive et une autre qui ne fait rien, aucune différence n'existe pour l'histologiste ou le chimiste ; et cependant il y a autre chose ; il y a une modification dynamique, comme dans le fil télégraphique qui transmet un message. Cette modification ne s'appelle pas une lésion pathologique, elle est fonctionnelle.

L'absence de lésion organique ou toxique constatable ne suffit pas pour qu'un syndrome fonctionnel ou une maladie mérite le nom de névrose. Beaucoup de maladies qu'on considérait autrefois comme simplement fonctionnelles, comme des névroses, sont reconnues aujourd'hui comme des maladies organiques ou toxiques. Tel le tétanos dont le microbe est connu, telles l'épilepsie, la chorée, la paralysie agitante, les maladies mentales dont les causes organiques ou toxiques sont à peu près inconnues, mais dont l'évolution clinique affirme la nature organique ; ce ne sont plus des névroses ; ce ne sont plus des maladies purement fonctionnelles.

Revenons donc aux vraies névroses ou troubles purement nerveux dynamiques qui peuvent d'ailleurs se greffer sur une maladie organique ; les troubles sont de deux espèces et la différenciation est importante au point de vue qui nous concerne.

Les uns ont lieu sans l'intermédiaire du cerveau, par un *dynamisme nerveux non psychique*. Exemple : des vers intestinaux peuvent déterminer des vomissements, des convulsions, des battements de cœur, sans trouble cérébral, par irradiation nerveuse ; l'impression périphérique est transmise de la muqueuse intestinale aux centres moteurs du cerveau ou aux nerfs pneumogastriques par le mécanisme des actions réflexes. La dentition chez un enfant peut produire de la diarrhée, du mal de tête, de l'oppression ; un calcul biliaire peut produire de la gastralgie et des vomissements ; un corps étranger dans l'oreille, sans aucune inflammation locale, peut déterminer un vertige auditif intense qui disparaît aussitôt le corps du délit enlevé. C'est le retentissement dynamique d'une lésion sur un point du système nerveux, à distance plus ou moins grande de la lésion. C'est de la névrose pure sans psychisme.

D'autres troubles nerveux ou névroses ont lieu par l'intermédiaire du cerveau ; ils sont dus à un *dynamisme psychique* ; ce n'est pas une simple transmission à distance le long des voies nerveuses qui réveille un trouble fonctionnel ; c'est le cerveau lui-même, centre psychique, qui est actionné dans son émotivité et crée le trouble ; c'est une névrose d'origine *psychique ou psychonévrose*. Ce sont ces psychonévroses que nous allons examiner rapidement, car ce sont elles surtout qui sont accessibles à la psychothérapie.

Ces psychonévroses sont excessivement fréquentes et diverses. On peut dire que tous les troubles fonctionnels dont l'organisme dispose, douleurs, paralysies, convulsions, vomissements, toux, oppression, battements de cœur, etc., sont susceptibles d'être créés à l'état de psychonévroses sans lésion par le psychisme émotif ou actionné par la suggestion et l'auto-suggestion.

Citons un exemple dans la sphère de la sensibilité. Voici une enfant qui a eu une excoriation de l'ombilic qui a pu être sensible au toucher mais qui est guérie. Et cependant la douleur persiste très intense ; le moindre attouchement arrache des cris à l'enfant. Cette douleur n'est plus qu'une représentation mentale émotive, entretenue par auto-suggestion, car elle cède rapidement à la psychothérapie. Voilà une psychonévrose de sensibilité. C'est le cas le plus simple.

Voici un sujet impressionnable qui a eu une contusion de l'abdomen qui est guérie sans trace. Chez lui aussi la douleur persiste. Mais elle ne s'est pas localisée, elle s'étend à tout l'abdomen, au thorax, au dos ; elle s'accompagne d'autres manifestations : anxiété, mal de tête, insomnie, troubles digestifs, etc. Tout cet appareil symptomatique cède aussi à la psychothérapie. C'est l'anxiété due au choc traumatique qui a réveillé ces symptômes secondaires Aussi, le traitement, en dissipant l'émotivité, a dissipé les symptômes qu'elle entretenait C'est une psychonévrose de sensibilité comme la précédente, mais plus complexe et qui s'est généralisée.

Que de sensations diverses, dues à une cause accidentelle ou à un état passager, arthritique ou autre, telles que picotements brûlures, élancements, tiraillements, etc., sourds et tenaces, ou aigus et intolérables, se perpétuent chez certains sujets impressionnables, alors que la cause première n'existe plus ! Le diagnostic est souvent difficile. Mais lorsque la suggestion thérapeutique est rapidement efficace, le diagnostic est fait ; c'est une psychonévrose par auto-suggestion.

Un engourdissement dans un membre, dû à une compression passagère ou à un trouble de circulation léger peut dégénérer dans le psychisme de certains cas en anesthésie complète que le médecin peut perfectionner ainsi que nous l'avons vu ; c'est encore une psychonévrose de sensibilité. Un éblouissement passager, une sensation d'oreille bouchée peuvent créer la cécité et la surdité psychiques. Toutes les illusions sensorielles, les bruits subjectifs dans les oreilles, les perversions de l'odorat, du goût, de la vue, toutes ces impressions sont créées par le cerveau, quelquefois édifiées sur un phénomène réel, grossi et conservé par lui à titre d'auto-suggestion. Une odeur désagréable, un goût répugnant peuvent rester longtemps dans le nez et la bouche, sans que le sujet puisse les chasser : ce sont des psychoses de sensibilité sensorielle.

Tous les phénomènes sensitivo-sensoriels que nous avons déterminés par suggestion, phénomènes dits hypnotiques, l'analgésie, la cécité et la surdité psychiques, les illusions, les hallucinations ne sont que des psychonévroses expérimentales, telles que l'auto-suggestion provoquée par une cause fortuite, par une simple représentation mentale réveillée accidentellement comme dans le rêve, par exemple, peut les produire.

Dans le domaine moteur, ce sont des impotences fonctionnelles, des paralysies d'un ou plusieurs membres, des mouvements désordonnés, des convulsions, des contractures d'un membre, de la mâchoire, c'est la crampe des écrivains ; ce sont certains bégaiements nerveux, etc. Toutes les manifestations que nous avons réalisées par suggestion, psychonévroses de motilité, peuvent être dues à un choc émotif et entretenues par représentation mentale. Voici par exemple une jeune fille qui, à la suite d'une fièvre typhoïde, conserve de la faiblesse organique des jambes. Mais cette faiblesse, elle l'exagère ; elle ose à peine lever les pieds en l'air ; elle ne peut se tenir debout ; c'est presque une paraplégie complète que la suggestion guérit en quelques séances.

Voici une autre qui, à la suite d'une entorse, a eu la jambe immobilisée par un appareil plâtré. Quand on enlève l'appareil, la jambe reste contracturée en extension. Six mois après, l'autre jambe se contracte aussi sans cause, par simple représentation mentale, et cette psychonévrose de contracture dure plusieurs années, rebelle à tout traitement.

Certains tics, certaines grimaces, clignements des paupières, mâchonnements, etc., onychophagie, attitudes bizarres, contractées par imitation ou à la suite de sensations qui les commandent, persistent comme psychonévroses ; et si elles deviennent invétérées, elles constituent des habitudes automatiques qui résistent à toute éducation suggestive.

Dans le domaine des voies digestives, ils sont nombreux, les troubles fonctionnels créés par le psychisme. Sensation de corps étrangers dans le pharynx et pharyngisme, alors qu'il n'y a rien, oesophagisme, éructations, régurgitations, hoquet, besoin de déglutition, tous phénomènes pouvant être provoqués par une sensation purement fictive qui crée ces divers réflexes. L'idée de vomissement engendre le vomissement, comme l'idée de bâillement engendre le bâillement. Une personne, ayant vomi un jour après l'ingestion de carottes, conserve cette impression et ne peut plus manger de carottes sans vomir, alors qu'elle conservait les autres aliments.

À la suite de dyspepsie, un malade commence par vomir de temps en temps, par exemple quand les aliments ont séjourné longtemps dans son estomac. Ces vomissements deviennent de plus en plus fréquents, et il finit par vomir tout ce qu'il prend, si bien qu'on croit à une sténose du pylore. Ce n'était qu'une psychonévrose par habitude nerveuse, dont je pus le guérir rapidement. J'ai souvent observé ce fait. Ainsi en est-il parfois des vomissements incoercibles de la grossesse. Une femme enceinte vomit souvent au début de sa grossesse, et ces vomissements sont considérés comme réflexes ou dus à l'auto-intoxication gravidique. En général, au bout de quelques semaines, ce symptôme disparaît. Chez quelques femmes impressionnables, il persiste et s'exagère, devient incoercible ; tout est rejeté ; la femme sent d'avance qu'elle va vomir ; ce n'est plus un vomissement commandé par le réflexe ou l'auto-intoxication, il est commandé par l'idée ; et dans un certain nombre des cas, j'ai pu guérir par l'éducation du sujet ces vomissements incoercibles de la grossesse qui avaient résisté à toutes les médications et qui n'étaient plus que de l'auto-suggestion vomitoire.

L'abdomen est riche en psychonévroses. Phénomènes de sensibilité, sensations diverses, tiraillements, crampes, lourdeurs, douleurs aiguës exagérées ou systématisées, comme nous l'avons vu, par l'exploration médicale, et qui peuvent en imposer pour un ulcère rond, pour des calculs biliaires ou néphrétiques, pour une appendicite, pour une ovarite, pour une salpyngite. Le diagnostic est souvent d'autant plus difficile que ces douleurs peuvent être greffées sur une lésion organique réelle. J'ai vu des femmes, ayant eu de vraies coliques hépatiques, exagérer une sensibilité de la vésicule au point d'édifier sur elle une pseudo-colique hépatique qui n'était qu'une image psychique douloureuse ; et ce qui le démontrait, c'est que je pouvais presque instantanément inhiber cette douleur, ce qu'on ne peut jamais faire dans les coliques réelles. Chez d'autres une adhérence, succédant par exemple à une appendicite guérie ou à une laparotomie, détermine une sensation qui laisse un malaise permanent ou grossit en douleur excessive que ne justifie pas la lésion.

Chez certaines femmes, l'idée d'une tumeur abdominale crée des contractions de la paroi de l'intestin qui donnent à la palpation l'impression de vraies tumeurs ; bien des fois les chirurgiens prêts à opérer ont vu ces tumeurs fantômes disparaître avec le chloroforme par le relâchement des muscles.

Telle est aussi la fausse tympanite abdominale constituant la fausse grossesse chez certaines femmes nerveuses qui se figurent être enceintes et gonflent inconsciemment leur ventre par un mécanisme encore mal connu, suggéré par l'idée de grossesse.

Dans le domaine des voies génito-urinaires, c'est le ténesme vésical et urétral, certaines rétentions et incontinences d'urine, le besoin fréquent d'uriner, tous symptômes qui peuvent être créés et retenus par le psychisme, sans raison organique. C'est l'impuissance génitale qui peut être purement émotive ; c'est ce qu'on appelle l'aiguillette nouée. Un de mes clients était inhibé par sa femme qu'il aimait, et ne l'était pas par d'autres femmes, c'est le cheval qui se cabre toujours par souvenir auto-suggestif devant une certaine porte et pas devant les autres.

Voici un curieux exemple de ce fait raconté par Charpignon d'après Nicolas Veneste : « Pierre Dartel, dit-il, tonnelier de mon père, me dit un jour quelque chose de désavantageux. Pour m'en venger, je lui dis que je lui nouerais l'aiguillette quand il se marierait, ce qui devait avoir lieu très prochainement. Cet homme crut ce que je lui disais et mes feintes menaces firent une si forte impression sur son esprit déjà préoccupé de charmes et de sorcellerie, qu'après s'être marié, il demeura près d'un mois sans pouvoir coucher avec sa femme. Je me repentis alors d'avoir raillé un homme si faible et je fis tout ce que l'on peut faire pour le persuader que cela n'était pas. Mais plus je protestais au mari que ce que j'avais dit n'était que bagatelle, plus il m'abhorrait et croyait que j'étais l'auteur de toutes ses infortunes. Le curé de Notre-Dame employa toute sa prudence à ménager cette affaire et il en vint à bout plutôt que moi, sans que le mari fût obligé de pisser par l'anneau de son épouse. »

J'ai rapporté ce fait déjà ancien publié à une époque où la suggestion n'était pas scientifiquement connue ; il montre que ces inhibitions comme le phénomène d'auto-suggestion, bien que justiciables de la psychothérapie, résistent cependant souvent à la simple persuasion verbale.

Chez les femmes, le vaginisme survit quelquefois à la douleur des premières approches et peut devenir une phobie douloureuse.

Dans le domaine des voies cardiaques et respiratoires, beaucoup de troubles peuvent être psychonerveux. Un picotement dû à un léger coryza peut s'éterniser et devenir un tic de reniflement ; une légère raucité de la voix devient chez une femme impressionnable une aphonie complète qui survit à la laryngite ; une légère trachéite grippale peut engendrer une toux nerveuse incessante que ne justifie pas la maladie organique. Je vois actuellement un enfant, qui avait eu des accès de faux croup, rééditer, à l'occasion d'une très légère angine, des accès de dyspnée laryngée avec toux aboyante que j'ai pu rapidement faire disparaître par éducation suggestive.

Dans le thorax, c'est la boule épigastrique, la sensation de constriction, l'étouffement, qu'on observe si souvent à la suite des émotions et qui préludent à la crise d'hystérie. C'est la sensation subjective d'oppression, la respiration anxieuse et haletante, ou accélérée que l'émotion détermine et que l'auto-suggestion émotive peut entretenir ou reproduire. C'est l'anxiété précordiale, c'est la pseudo-angine de poitrine que cette sensation peut créer sur une personne nerveuse.

Enfin, le domaine cérébral fait des représentations mentales se rapportant au psychisme lui-même. À la suite de déceptions et de surmenage moral, un homme reste désemparé, déprimé, ne retrouve plus son équilibre, ne peut plus travailler, n'a plus de volonté, a le sommeil agité. Le remontage moral et la distraction peuvent ramener le calme et la confiance ; dans ce cas ce n'était qu'une psychonévrose. Il n'en est pas toujours ainsi. Quand cet état est lié à une neurasthénie, comme nous le verrons, la suggestion reste impuissante.

Certains cauchemars, répétés toutes les nuits, le somnambulisme nocturne, le sommeil agité, ne sont que des psychonévroses spontanées, de même que les hallucinations suggérées sont des psychonévroses expérimentales. On peut même dire que les rêves du sommeil sont des psychonévroses physiologiques ; elles sont pathologiques, quand ces rêves deviennent terrifiants, obsédants, et déterminent des troubles fonctionnels dépassant la mesure compatible avec l'état normal.

Toute représentation mentale peut en réalité être considérée comme une psychonévrose physiologique ; nous y sommes tous sujets toute la journée. Le bâillement par imitation, le besoin d'uriner qui se révèle à la vue de quelqu'un qui urine, les rêveries gaies ou tristes, qui nous donnent un sentiment de bien-être ou de malaise, les démangeaisons dues à l'idée qu'on a des puces, les nausées par la vue d'un mets répugnant, la purgation par des pilules de mie de pain, décorées du nom de pilules purgatives ; tous ces phénomènes sont psychonerveux. Mais le mot psychonévrose, qui désigne un trouble *morbide*, ne s'applique à ces phénomènes que s'ils sont persistants ou répétés, ou s'ils donnent lieu à une perturbation de la santé.

Car ces phénomènes psychonerveux ne sont pas toujours inoffensifs. Les cauchemars répétés font de l'anxiété, de l'insomnie, des battements de cœur, de l'inappétence et altèrent la santé générale. Des vomissements répétés purement nerveux produisent de la dyspepsie, de l'hyperchlorhydrie, de l'amaigrissement et accroissent la réceptivité pour les maladies. Une douleur excessive purement psychique entraîne un état nerveux et des perturbations fonctionnelles nombreuses, que sera-ce si cet élément psychonerveux se greffe sur une maladie ? Car si la psychonévrose peut se créer de toutes pièces par cause factice, et n'être qu'une représentation pure, sans aucune évolution organique, elle peut aussi cela et, souvent, s'associer aux maladies diverses, comme l'exagération psychique d'une de ses manifestations.

Voici un tuberculeux à évolution lente ou stationnaire ; il a une douleur thoracique que son imagination grossit ; cette douleur devient obsédante, angoissante, accélère la respiration, supprime le sommeil, rallume la fièvre et l'évolution tuberculeuse.

Voici un malade qui a une névrite des membres inférieurs qui gêne certains mouvements des membres inférieurs. Cette impotence partielle se transforme par exagération psychique en impotence totale, c'est-à-dire en paraplégie auto-suggestive.

Voici un ataxique qui a de l'incoordination motrice ; cette incoordination, exagérée par l'impressionnabilité nerveuse du sujet, fait inhibition complète à la marche et à la station. Aussitôt debout, il titube, a des mouvements désordonnés et tombe. La suggestion enlève au symptôme ce que la psychonévrose y ajoute et ramène les troubles au taux commandé par la lésion spinale. L'ataxique apprend de nouveau à marcher assez convenablement, en tant que la moelle le permet ; ce n'est pas, comme certains le croient, la rééducation de la moelle malade, c'est l'éducation suggestive qui dégage la lésion de son addition psychonerveuse.

Les fièvres, les maladies des voies digestives, les affections cardiaques, celles du système nerveux, toutes peuvent réagir sur le psychisme et déterminer un état nerveux dynamique surajouté qui peut être accessible à la suggestion.

3) HYSTÉRIE.

Parmi ces psychonévroses, il en est une que je dois mentionner d'une façon spéciale, parce que son histoire, à la Salpêtrière, s'est confondue avec celle de l'hypnotisme, parce que c'est elle qui donne ses plus beaux succès à la thérapeutique suggestive, je veux parler de l'hystérie. C'est grâce à la doctrine de la suggestion que j'ai pu, je crois, faire la lumière sur ce syndrome, dont le mécanisme pathogénique a été méconnu jusqu'à ce jour.

Le mot hystérie s'appliquait autrefois à de violentes crises de nerfs (différentes de l'épilepsie). Comme elles affectaient presque exclusivement le sexe féminin et qu'elles s'accompagnaient d'une sensation de boule remontant de l'hypogastre, partie inférieure de l'abdomen, au cou et parfois de projection du ventre en avant, on *attribuait ces crises à la matrice*. Elle bondissait, disait-on, dans le corps ou envoyait des vapeurs subtiles au cerveau, qui convulsionnaient tout l'organisme.

Ces idées simplistes se modifièrent avec les notions d'anatomie et de physiologie ; et la doctrine utérine se perfectionna. La crise d'hystérie est toujours attribuée à l'utérus et aux ovaires, mais c'est par l'intermédiaire du système nerveux que ces organes feraient les convulsions, c'est *une névrose réflexe d'origine utéro-ovarienne ;* et cette doctrine existe encore.

Cependant, au XVIIe siècle, l'opinion était émise par Lepois, Willis et Sydenham que l'hystérie est une *affection cérébrale ou générale* qui, outre les crises, donne lieu à une foule de symptômes affectant toutes les fonctions ; troubles nerveux sensitifs, anesthésie, hyperesthésie, perversion de la sensibilité, troubles sensoriels, amblyopie, surdité, illusions, troubles moteurs, paralysies, contractures, secousses, bégaiement, troubles respiratoires, digestifs, voire même hémorragies affections cutanées, œdème, fièvre, etc. ; et cette symptomatologie s'enrichit tous les jours ; l'école de la Salpêtrière surtout y a ajouté des contributions nombreuses. Le champ de l'hystérie s'élargit ainsi singulièrement par l'association à la crise de toutes les manifestations concomitantes, et l'hystérie, au lieu d'être une simple crise, est devenue aujourd'hui une *maladie mystérieuse, polymorphe, indéfinissable, qui fait tout, qui simule tout.*

L'école de la Salpêtrière, qui a cru mettre de l'ordre dans ce chaos, réglementer l'évolution des crises, fixer les stigmates constants qui caractérisaient la maladie hystérie, a fait une œuvre artificielle qui a augmenté la confusion.

Il faut revenir à l'antique conception du mot hystérie et réserver ce mot aux seules crises de nerfs qui, faussement attribuées à l'utérus, ont été primitivement appelées de ce nom. *Les crises de nerfs ne sont qu'une réaction psychodynamique d'origine émotive,* une psychonévrose.

Nous avons tous, quand une violente émotion nous étreint, certains troubles nerveux que j'appelle psychodynamiques. L'un a une violente constriction thoracique et laryngée, il croit qu'il va étouffer, il devient bleu, ou étouffe de colère, d'angoisse ; cela dure un instant, puis l'équilibre se rétablit.

L'autre reste comme figé, raide de stupeur, les dents et les poings serrés, sans parole ni mouvement.

Un autre est pris de secousses ou de tremblement plus ou moins accusé qui agitent tout le corps.

Tel a un sentiment de défaillance ; le cœur lui manque, il n'a plus ni bras ni jambes ; il s'assied pour ne pas tomber. Tel vocifère, pleure, divague, a de violentes douleurs angoissantes, etc.

Toutes ces manifestations variables suivant les individus et suivant la nature de l'émotion ne durent qu'un instant ; le pendule cérébral, un instant dérangé par le choc émotif, retrouve sa régularité ; l'ordre se rétablit.

Ce sont des ébauches de crises qui n'aboutissent pas, ce sont des crises d'hystérie en miniature.

Quand ces phénomènes s'exagèrent et durent un certain temps, quand cette réaction psychodynamique persiste assez longtemps et que le psychisme cérébral, déséquilibré ou suggestion par cette réaction, ne peut reconstituer l'harmonie fonctionnelle rapidement, c'est une crise d'hystérie. C'est, on le voit, *l'exagération d'un phénomène habituel, d'une réaction émotive*.

Cela posé, dans quelles conditions se développent ces crises ?

Une femme, plus rarement un homme, à la suite d'une émotion, spéciale pour chacun, qui affecte particulièrement son impressionnabilité, colère, frayeur, chagrin, douleur, a une crise de nerfs. Cette crise est constituée par des appareils symptomatiques très variables et qui n'ont rien de régulier. C'est une sensation de boule ou de corps étranger qui remonte de l'abdomen ou du creux épigastrique jusqu'au cou, avec constriction thoracique, strangulation, douleurs laryngées, angoisse, convulsions, grands mouvements désordonnés furibonds alternant avec la contracture ; c'est la crise *d'hystérie convulsive*, considérée comme la crise classique. C'est chez d'autres la contracture des quatre membres et du corps sans mouvement, avec trismus, et perte de connaissance apparente, les yeux clos, *crise de contracture hystérique* appelée à tort catalepsie. C'est, d'autres fois, l'inertie complète physique et psychique, sans contracture, l'apparence du sommeil, avec ou sans inconscience : la crise de *sommeil ou défaillance hystérique*, appelée à tort léthargie.

Chez d'autres, tous ces symptômes se mélangent, alternent, sans évolution régulière, ou d'autres manifestations bizarres ont lieu : délire, hallucinations, rêves en action, anxiété, douleurs, cris, grincements de dents ; ou bien c'est l'anxiété respiratoire ou la respiration accélérée, vraie polypnée qui constitue le principal ou seul symptôme ; c'est *l'hystérie délirante, l'hystérie hallucinatoire, l'hystérie dyspnéique*, etc. Ces symptômes divers qui éclatent brusquement ou après quelques prodromes durent de quelques secondes à plusieurs heures ; tous les degrés existent entre la réaction qu'on peut appeler physiologique, quasi normale, et celle qui constitue une grande crise.

Notre patiente peut avoir eu plusieurs fois de ces ébauches de crise. Cette fois-ci, soit que l'émotion fût plus vive, soit que l'impressionnabilité nerveuse fût plus grande, pendant la période menstruelle par exemple, ou pendant une maladie anxieuse, la réaction s'est amplifiée et prolongée, prenant les proportions et la durée d'une vraie crise.

Celle-ci terminée, tout est rentré dans l'ordre, sans autre manifestation. Il n'y a pas de nouvelle crise. C'était *une* crise accidentelle, émotive, sans lendemain.

Chez d'autres, la *crise se reproduit plus ou moins souvent*, par l'influence d'une émotion pareille à celle qui a provoqué la première, ou par l'évocation psychique de cette crise, par le seul souvenir auto-suggestif.

Telle cette jeune femme, dont j'ai publié l'observation, qui eut une crise d'hystérie émotive à table entre le premier et le second plat et qui depuis, à chaque repas, au même moment psychologique, se suggérait inconsciemment la même crise.

Comme toutes les modalités nerveuses, comme tous les réflexes dont le système nerveux prend l'habitude et qui deviennent automatiques, les tics, la toux nerveuse, etc., de même l'aptitude de l'organisme à réaliser les crises, l'hystérabilité, se perfectionne par leur répétition ; et chez certains se développe une vraie *diathèse hystérique* qui peut être considérée comme une maladie.

Chez quelques-uns, toutes les émotions déchaînent la crise. Chez d'autres, il faut une cause adjuvante qui augmente l'impressionnabilité hystérogène du sujet, par exemple la menstruation, un état maladif. Chez certains cet appareil que j'appelle hystérogène ne réagit qu'à une émotion spéciale. Tel supportera, par exemple, très bien une violente frayeur, une colère ; il réagira à la vue d'un serpent qui affecte particulièrement son idiosyncrasie émotive. Chaque individualité a ses émotivités spéciales, ses impressionnabilités particulières qui la laissent désarmée quand elles n'ont pas été réprimées par l'éducation.

L'aptitude hystérique n'est pas d'ailleurs en rapport avec l'impressionnabilité nerveuse générale. Certains sujets très nerveux ne font jamais de crise d'hystérie ; sous l'influence d'émotions, ils ont des battements de cœur, de l'anxiété, de la diarrhée, de la céphalée. D'autres qui peuvent être moins nerveux d'une façon générale font facilement des crises de nerfs. On comprend maintenant ce que je veux dire, quand je dis : Pour avoir une crise de nerfs, il faut être hystérisable, il faut avoir un appareil (symptomatique) hystérogène, de même que pour avoir, par exemple, des éructations nerveuses, il faut avoir un appareil éructatoire.

Ces sujets qui ont des crises nerveuses fréquentes, peuvent être indemnes de toute autre manifestation dans leur intervalle ; ils n'ont aucun stigmate. Chez d'autres, la répétition et la peur des crises engendrent certains symptômes persistants ; ou bien l'émotion qui fait la crise peut en même temps développer ces symptômes : anxiété, insomnie, cauchemars, dyspepsie, douleurs, lassitude, sensation de boule ou de constriction rétrosternale persistante entretenue par auto-suggestion. Mais ces symptômes, et d'autres d'ordre émotif ou consécutifs à la crise, ont été à tort considérés comme des manifestations de la prétendue entité morbide *hystérie* elle-même. Ce sont, je le répète, des symptômes concomitants dus aussi à l'émotivité, qui engendre les crises ou qui leur succède.

Nous verrons que ces crises de nerfs et la diathèse hystérique peuvent être facilement inhibées par l'éducation suggestive ; ce qui démontre qu'il s'agit d'un pur dynamisme nerveux.

Enfin les crises *d'hystérie peuvent se greffer sur toutes les maladies qui donnent lieu à une émotion, à une anxiété, à une douleur.* Que l'émotion soit due à une cause extérieure, qu'elle soit due à une maladie, elle pourra toujours être hystérogène chez les hystérisables.

Telles sont : la neurasthénie anxieuse, l'hypocondrie, la mélancolie, les phobies, les obsessions, les hallucinations alcooliques ou autres, les douleurs saturnines, la dysménorrhée douloureuse, la céphalée, la migraine ophtalmique, les névralgies, les coliques hépatiques, néphrétiques, appendiculaires les péritonites pelviennes, l'anxiété précordiale et respiratoire, l'anxiété fébrile avec sa chair de poule anxieuse, les traumatismes avec leur choc émotif, toutes ces maladies sont susceptibles d'engendrer des psychonévroses, et parmi elles les crises d'hystérie.

Dans ces cas, les *crises ne sont qu'un épiphénomène,* une réaction non pas de la maladie, mais de l'émotivité créée par la maladie. Et la meilleure preuve, c'est que je puis toujours par la psychothérapie, comme je l'indiquerai, supprimer cet épiphénomène, apprendre au malade à l'inhiber ; les crises d'hystérie alors n'existent plus, la maladie n'en subsiste pas moins, dégagée de l'hystérie que le psychisme émotif lui avait ajoutée. La neurasthénie, les phobies, la mélancolie, le saturnisme, les affections utéro-ovariennes, la fièvre, etc., continuent leur évolution, affirmant ainsi leur nature organique ou toxique, et la nature purement dynamique de l'hystérie surajoutée. Mais les auteurs, trompés par l'appareil impressionnant des crises, considérant l'hystérie comme une entité morbide qui affecte tous les organes et toutes les fonctions, ont volontiers endossé à l'hystérie toute cette symptomatologie concomitante et toutes les maladies sur lesquelles elle se greffe. La neurasthénie, la mélancolie, les obsessions, la fièvre, la paralysie, les coliques, la cardialgie, etc., tout cela serait fonction de l'hystérie, on a décrit une fièvre hystérique, de l'hystérie alcoolique et saturnine, des affections cutanées, des atrophies musculaires, un ictère hystérique ! Et ainsi s'explique pourquoi on a appelé l'hystérie, la maladie simule tout.

Ce qui a encore contribué à cette confusion, c'est *qu'à l'hystérie peuvent s'associer d'autres psychonévroses ;* on les conçoit chez les sujets auto-suggestibles qui ont la représentation mentale facile et un idéodynamisme exagéré. D'autres auto-suggestions émotives peuvent se réaliser en même temps que la crise : la boule épigastrique persistante, de l'anesthésie, de l'hyperesthésie, de la céphalée, des contractures, des paralysies partielles, des vomissements, des hallucinations, du somnambulisme, etc., toutes ces psychonévroses, et d'autres peuvent s'associer entre elles et s'associer aussi, l'une ou l'autre, à la maladie fondamentale qui est hystérogène, et qui peut être psychoneurogène d'une façon générale.

D'autres fois, c'est une seule psychonévrose, comme vomissements nerveux, aphonie, douleur vive, impotence fonctionnelle, etc., qui se greffe par auto-suggestion sur la maladie.

Toutes ces psychonévroses, justiciables aussi de la suggestion, ne doivent pas s'appeler hystérie. Ce serait détourner ce mot de son sens primitif et l'appliquer à des milliers de troubles fonctionnels absolument divers, à toutes les manifestations nerveuses dynamiques.

On a décrit des *stigmates de l'hystérie.* ce seraient surtout l'ovarialgie, le rétrécissement du champ visuel, et l'hémianesthésie sensitivo-sensorielle. J'ai démontré, et Babinski a confirmé longtemps après moi, que ces symptômes n'existent pas spontanément, mais peuvent être créés par l'exploration médicale chez beaucoup de sujets impressionnables qui ne sont nullement hystériques.

On parle aussi de *stigmates mentaux,* simulation, mensonge, érotisme : tous les vices, on les impute à ces malheureuses femmes, si bien que même en l'absence des crises, une menteuse ou une érotique est souvent taxée hystérique. En réalité, les hystériques n'ont aucune mentalité spéciale ; beaucoup sont honnêtes, même ingénues, sans rouerie ; elles peuvent n'avoir aucune sensualité ou en avoir.

Les psychologues ont imaginé une conception obscure que je n'ai pas comprise et que beaucoup de médecins acceptent, sans la comprendre. Elle serait caractérisée, disent-ils, par la désagrégation de la synthèse mentale, par l'aboulie, par le dédoublement de la personnalité, par le rétrécissement du champ de la conscience, par un défaut de régulation dans les processus réflexes élémentaires, psychiques ou organiques !

À cette conception contre laquelle proteste l'observation élémentaire, j'opposerai celle-ci qui me paraît simplement l'expression de la vérité Clinique. *L'hystérie est une psychonévrose d'origine émotive caractérisée par les crises auxquelles on a donné le nom de crises hystériques ; et rien de plus.*

Si j'ai insisté quelque peu sur l'histoire générale des psychonévroses, y compris l'hystérie, c'est parce qu'elles constituent le terrain sur lequel doit agir la psychothérapie, sur lequel elles exercent leur influence salutaire, parce que la doctrine de la suggestion éclaire leur pathogénie et justifie leur thérapeutique, parce que les phénomènes obtenus par la suggestion expérimentale, par l'ancien hypnotisme, ne sont en réalité, répétons-le, que des psychonévroses artificielles.

Tous les troubles fonctionnels d'origine émotive ne sont pas des psychonévroses. Quand une émotion donne lieu à un embarras gastrique, à de la diarrhée, à de l'urticaire, à de l'ictère, à de la migraine, ce sont là des symptômes dus à une gastrite, à une entérite, à une infection des voies biliaires, à un état toxique général, ce ne sont pas des réactions purement dynamiques. Une émotion peut agir sur les vasomoteurs, sur les sécrétions, sur le péristaltisme du tube digestif, sur la chimie stomacale et intestinale, elle peut troubler la digestion et déterminer une dyscrasie nutritive, elle peut réveiller la virulence des microbes latents de l'organisme et faire des maladies infectieuses. La suggestion n'agit pas directement sur ces symptômes comme sur les représentations mentales. Cependant, en réprimant l'émotivité qui les crée et peut les entretenir, elle est capable d'exercer une influence favorable. Je connais une jeune dame qui à chaque émotion a de l'entérite muco-membraneuse et de l'urticaire avec d'autres symptômes. En lui apprenant à maîtriser son émotivité, et à prendre confiance en elle-même, malgré son impressionnabilité nerveuse, je l'ai presque complètement guérie de ces affections d'origine émotive, bien que non psycho-nerveuses.

4) NEURASTHÉNIE.

Les auteurs confondent en général les mots psychonévrose et neurasthénie. La neurasthénie ou psychoneurasthénie serait, dit-on, une pure modalité nerveuse, une façon d'être fonctionnelle du système nerveux, due au surmenage physique et moral ; ce serait un simple appareil dynamique de troubles fonctionnels sans lésion, entretenu par l'auto-suggestion ; ce sont surtout les neurasthéniques qui viennent demander secours à la psychothérapie.

Or, après avoir partagé cette idée au début de mes études sur la suggestion, j'ai constaté invariablement depuis vingt-cinq ans, que la psychothérapie est aussi inefficace contre les neurasthénies que les autres médications, et je suis arrivé à cette conclusion que la neurasthénie n'est pas assimilable aux psychonévroses, que ce n'est pas un simple dynamisme nerveux ; c'est une maladie réelle, souvent constitutionnelle, aussi fréquente chez les paysans et les ouvriers que dans les classes raffinées ; c'est une dyscrasie toxique, comme l'arthritisme, la goutte, l'herpétisme, la migraine ophtalmique, les psychoses, toutes affections diathésiques dont certains sujets ont le germe ou la prédisposition et qui se développent fatalement chez eux sous certaines influences.

Le neurasthénique, avec ses sensations diverses, telles que vide, vague ou lourdeur dans la tête, douleurs variées dans diverses régions du corps, lassitude, quelquefois vertiges et bourdonnements d'oreille, atonie physique et morale, aboulie, anxiété terrible, idées noires, cauchemars, impuissance cérébrale, fourmillements et engourdissements dans les membres, troubles digestifs, etc., ces innombrables troubles fonctionnels, non seulement nerveux, mais affectant tous les organes, souvent avec prédominance dans le cerveau, ou dans le tube digestif, cette neurasthénie appelée psychasthénie, quand il y a prédominance de symptômes dans le cerveau, est une maladie générale auto-toxique. Elle est souvent périodique, avec une évolution cyclique qui dure de plusieurs mois à un an ; elle revient à des échéances plus ou moins lointaines, chez les uns tous les ans, chez d'autres seulement deux ou trois fois dans l'existence, avec des intervalles qui peuvent être parfaitement indemnes ; chez d'autres la maladie est chronique, avec des alternatives de rémission et d'exacerbation plus ou moins intenses ; et cet ensemble symptomatique évolue fatalement son temps, en dépit de toutes les médications. Sans doute certains éléments psychonerveux, même des crises d'hystérie, peuvent se greffer sur elle, et en être détachés par la psychothérapie. Mais la maladie elle-même continue son cours inexorable, rebelle à la suggestion, pour guérir spontanément au bout de son cycle, si c'est une forme périodique ; et récidive au bout d'un temps variable, sans que la suggestion puisse prévenir la récidive.

Ce n'est donc certainement pas une psychonévrose ; celles-ci sont justiciables de la suggestion ; l'autre ne l'est pas plus que les psychoses ou maladies mentales. La neurasthénie n'est pas une maladie psycho-nerveuse, c'est une maladie générale auto-toxique.

Parmi les malades qui s'adressent aussi à la psychothérapie se trouvent les obsessions, les phobies, telles que peur des espaces ou agoraphobie, peur de l'isolement ou claustrophobie, peur des couteaux, peur des poisons, etc., l'anxiété nerveuse native ou psychose d'angoisse, le délire du toucher, l'obsession du doute scrutateur, etc., ces états sont en réalité le plus souvent des psychoses, des folies partielles, greffées sur un fonds héréditaire et souvent rebelles à la suggestion, bien qu'elles puissent être parfois améliorées par l'éducation patiente du sujet.

Elles sont rebelles aussi souvent, ces nombreuses douleurs sans lésion, chez certaines personnes qui y sont sujettes toute leur vie, par droit de naissance, si je puis dire ; on les appelle arthritiques, mot qui cache souvent notre ignorance. Elles paraissent dues à une diathèse constitutionnelle native ; ce ne sont pas de simples produits d'imagination, comme le montre leur résistance aux diverses médications, y compris la psychothérapie.

5) ÉLÉMENTS PSYCHONERVEUX DANS LES MALADIES ORGANIQUES.

Celle-ci n'agit-elle absolument que sur l'élément psychonerveux ? N'a-t-elle aucune action sur les maladies organiques ? Nous avons vu que le cerveau commande toutes les fonctions ; tous les organes. Par l'intermédiaire des filets nerveux, l'action psychique se transmet à tous les viscères et gouverne toutes les activités du corps. Nous avons vu la suggestion faire de l'anesthésie, des douleurs, de la paralysie, de la contracture, des vomissements, de la diarrhée, de l'accélération et du ralentissement du cœur ; elle ne fait pas seulement de simples représentations mentales : cette représentation se matérialise ; l'idée devient acte. On comprend donc que la suggestion, c'est-à-dire l'idée, puisse actionner le travail organique, calmer les douleurs réelles, modifier la circulation, stimuler ou réprimer les activités fonctionnelles et intervenir utilement dans l'évolution des maladies. Cela est vrai dans une certaine mesure. L'observation des faits m'a montré cependant que cette influence n'est pas suffisante pour avoir une grande action thérapeutique ; elle peut modérer certains symptômes, elle n'inhibe pas les évolutions organiques et toxiques.

Sans doute j'ai pu faire marcher des ataxiques ou des hémiplégiques qui ne le pouvaient plus, j'ai rendu la souplesse et la motilité à des articulations paraissant immobilisées par des arthrites chroniques, j'ai guéri des hémianesthésies liées à des hémorragies cérébrales, j'ai calmé du ténesme et diminué des diarrhées dysentériques, inhibé des vomissements liés à une gastrite catarrhale ou cancéreuse.

Mais rappelons-nous que les troubles fonctionnels réels peuvent être exagérés par le sensorium ou conservés par lui, alors que la cause organique n'est pas ou n'est plus en jeu. C'est un élément psychonerveux ajouté à la maladie, dont le champ dynamique dépasse le champ organique en étendue et en durée. Une hémiplégie peut être suffisamment guérie pour que la marche puisse se faire ; mais le malade se sentant et se sachant paralysé ne sait plus actionner sa jambe ; ou bien il n'ose pas l'appuyer sur le sol ; il continue à inhiber sa fonction. L'éducation du sujet par l'entraînement et la confiance qu'on lui donne restaure la marche.

De même, voici un sujet qui a eu le genou affecté de rhumatisme, longtemps immobilisé ; l'arthrite a disparu ; mais le genou reste incapable de se fléchir et de s'étendre ; l'inertie prolongée a produit une certaine raideur exagérée par le psychisme avec sensibilité douloureuse. En imprimant à l'articulation des mouvements, en stimulant le moral du malade et en lui montrant que je puis mobiliser le genou sans douleur, j'arrive graduellement à le faire marcher.

Quand je supprime l'hémianesthésie des hémorragies cérébrales, c'est dans les cas où la région du cerveau qui commande cette hémianesthésie n'est pas directement intéressée, mais a été inhibée par une lésion du voisinage. L'hémianesthésie chez certains persiste par autosuggestion, alors que le choc qui la déterminait a disparu et qu'elle n'a plus de raison d'être ; alors la psychothérapie l'enlève.

Le ténesme, la diarrhée, les vomissements liés à une affection organique peuvent aussi être exagérés par le psychisme et justiciables dans une certaine mesure de la suggestion.

On le voit, le champ de la psychothérapie est très vaste ; elle peut intervenir utilement dans toutes les maladies ; mais elle intervient surtout contre l'élément psychonerveux de ces maladies. Dans toutes, le médecin doit reconnaître ce qui est organique, ce qui est toxique, ce qui est dynamique ; et encore dans ce dynamisme, comme nous l'avons dit, il y a le dynamisme nerveux par irradiation nerveuse à distance, action réflexe, sans intermédiaire du psychisme ; et le dynamisme psychonerveux, le seul qui soit toujours accessible à la suggestion.

CHAPITRE 14

PSYCHOTHÉRAPIE DANS LE SOMMEIL PROVOQUÉ ET À L'ÉTAT DE VEILLE. — PROCÉDÉS DIVERS. — PSYCHOTHÉRAPIE SPÉCIALE À L'HYSTÉRIE. — INHIBITION DES CRISES ET DE LA DIATHÈSE.

1) PSYCHOTHÉRAPIE. — LES PROCÉDÉS.

Qu'est-ce que la psychothérapie ? Quels sont ses différents procédés ?

Le mot de psychothérapie s'applique à toutes les opérations qui ont recours au psychisme dans un but thérapeutique et qui facilitent l'action de ce psychisme. Cette définition deviendra plus claire, quand j'aurai exposé les divers procédés auxquels nous avons recours.

Liébeault, le père de la psychothérapie, procédait par affirmation dans le sommeil provoqué. Le sujet endormi, ou seulement engourdi, il affirmait la disparition des différents symptômes éprouvés : « Plus de douleur, plus de faiblesse ; la digestion bonne, toutes les fonctions se font bien. » Pour concentrer l'esprit du malade sur l'idée de la guérison et en même temps faire une certaine dérivation psychique, il appliquait la main sur la région malade et suggérait la chaleur. Il expliquait que la nature médicatrice, plus forte que le médecin, rétablissait l'équilibre et la santé. Le malade restait assis sur le fauteuil, passif, pendant cette suggestion verbale qui durait plusieurs minutes ; et les séances suggestives étaient répétées le plus souvent possible.

Dès mon début, en 1884, j'ai cherché à établir que la psychothérapie n'est pas seulement l'hypnothérapie, la thérapeutique par le sommeil ; qu'elle peut se faire à l'état de veille, comme toutes les suggestions. Elle ne consiste pas seulement à affirmer la disparition de troubles fonctionnels, soit à l'état de sommeil, soit à l'état de veille. Elle comprend tous les procédés qui agissent sur le psychisme, soit pour renforcer l'idée qu'on veut introduire dans le cerveau, soit pour faciliter la transformation de l'idée en acte, c'est-a-dire l'idéodynamisme. Le sommeil provoqué peut être parfois un adjuvant utile, parce qu'il supprime dans une certaine mesure le contrôle et exagère l'automatisme cérébral, l'idéodynamisme. Mais l'expérience m'a montré que le sommeil n'est pas nécessaire, parce que la suggestibilité peut être suffisamment actionnée à la veille. De plus, ainsi que nous allons le voir, le sommeil ou état passif peut être un obstacle, parce qu'il faut souvent la collaboration active du sujet pour permettre à la suggestion d'être efficace.

La psychothérapie comprend des procédés divers adaptés à la maladie et à l'individualité psychique.

Et d'abord la suggestion verbale, comme le faisait Liébeault, comme je la faisais après lui à l'état de sommeil et plus souvent, depuis quinze ans, à l'état de veille. C'est l'affirmation simple de la guérison ; c'est plus que l'affirmation simple, c'est la persuasion qui consiste à renforcer l'idée par le raisonnement, par la démonstration aidée d'une insinuation forte ou douce, destinée à frapper sa sensibilité en même temps que sa raison, à l'émouvoir, à l'impressionner, à l'intimider, si c'est nécessaire, à l'attendrir, si c'est utile ; car la raison vit aussi de sentiment ; car le cerveau se détermine autant par le sentiment que par la raison.

Dans tous mes écrits et ceux de mes élèves, depuis le début de mes études sur la suggestion, j'ai montré que celle-ci n'est autre chose que de la persuasion. Et cependant, il y a quelques années, le professeur Dubois, de Berne, croit avoir inventé une méthode nouvelle qu'il appelle la persuasion par la parole seule, s'adressant uniquement à la raison ; ce serait la psychothérapie rationnelle qu'il croit substituer à ma psychothérapie qu'il dit thaumaturgique.

M. Dubois commence d'abord par substituer à ma conception de la suggestion celle-ci : « La suggestion agit par les voies tortueuses de l'insinuation ; la persuasion s'adresse loyalement à la raison du sujet. L'une s'adresse à la foi aveugle, l'autre au raisonnement logique affiné. »

Conclusion : il persuade, par un raisonnement loyal. Je suggestionne par un vrai cambriolage cérébral. Je suis un thaumaturge, je fais avaler à une malade des poissons d'avril (*sic !*) — Obligé cependant de reconnaître que je fais aussi de la médecine morale, et voulant absolument s'approprier la découverte rationnelle de celle-ci, il ajoute : « Sans doute, il ne néglige pas l'influence morale, la paternelle exhortation ; mais cette orthopédie est encore trop fruste, trop rapide ; la pratique de l'hypnotisme l'a habitué aux succès immédiats, aux coups de théâtre. — Il mène ses malades par le nez, leur faisant croire tout ce qu'il veut » (*sic*). M. Dubois a assisté, il y a plus de vingt ans, à mes expériences de suggestion et d'hallucination expérimentale. Croit-il, malgré tout ce que j'ai dit et écrit, ou voudrait-il faire croire que ma thérapeutique suggestive ressemble à cette pseudo-thaumaturgie expérimentale ? Mes écrits et ceux de mes élèves sont là pour protester contre cette dénaturation systématique et audacieuse de la vérité !

Les lecteurs de ce livre me pardonneront cette diversion *pro domo mea*. Mais l'affirmation de M. Dubois a fait des adeptes en France ; et des articles sont publiés sur la psychothérapie où l'on déclare Dubois son promoteur, et où mon nom n'est pas prononcé, pas plus que celui de Liébeault.

La persuasion verbale, s'adressant à la raison seule, même s'adressant de plus au sentiment, n'est qu'un des procédés de la suggestion : elle ne la comprend pas tout entière. D'autres procédés suggestifs peuvent réussir là où le raisonnement échoue.

Voici, par exemple, un malade affecté d'une douleur nerveuse consécutive à une contusion guérie. J'ai beau lui persuader et lui démontrer que cette douleur n'a pas de réalité organique et est purement psychique ; il accepte mon assertion, mais elle ne suffit pas à inhiber la sensation douloureuse. Si alors je renforce l'idée par une manipulation, friction, massage, électrisation, application d'un aimant, etc., si j'incarne la suggestion dans une pratique matérielle, je réussis parfois là où la simple persuasion a échoué.

Tel autre a une paralysie fonctionnelle psychique sans lésion ; il ne peut marcher. Je lui démontre que ses jambes peuvent fonctionner, que les nerfs, le cerveau, la moelle ne sont pas malade ; qu'il doit faire un effort de volonté et qu'il pourra marcher. Il est convaincu, mais sa volonté reste impuissante ; l'idée ne suffit pas à actionner ses jambes. Si alors je fais lever le sujet, l'empêchant de tomber, si je le fais marcher, en le soutenant, en l'encourageant, en lui apprenant à dominer ses impressions paralysantes, j'arrive en peu de séances à reconstituer la fonction perdue par ce procédé d'éducation, *entraînement suggestif actif.* J'ai appris à l'idée à faire le dynamisme nécessaire en la dégageant de son inhibition psychique. La démonstration théorique seule indéfiniment prolongée n'aurait pas réussi. *Acta non verba.*

Voici un autre exemple de suggestion avec entraînement actif. Un malade a une aphonie nerveuse ; la suggestion verbale seule a échoué. L'électrisation suggestive, les frictions du larynx qui m'ont souvent réussi dans des cas de ce genre ont échoué cette fois. Alors j'excite le sujet à dire la lettre *a* ; à force de le stimuler, il déploie un effort énergique et arrive à dire *a*. Je l'excite de même à dire successivement *e, i, o, u*. Une fois ces voyelles émises et le premier pas fait, il arrive facilement et sans effort à articuler à haute voix. L'inhibition psychique des cordes vocales a été vaincue, grâce à cette stimulation plus active, par le cerveau suggestionné à cet effet.

Quand une musique douce et captivante, ou un spectacle féerique et grandiose, chasse pour un certain temps la tristesse de l'âme, dissipe l'angoisse, réveille la gaité, c'est une image auditive et visuelle suggestive qui a créé une diversion psychique, effacé le tableau noir et mis l'organisme à son unisson. C'est aussi de l'idéodynamisme ; c'est de la suggestion par une impression sensorielle qui a fait une dérivation psychique.

D'autres fois, le sujet résiste consciemment ou inconsciemment à tous les procédés de persuasion rationnelle, sentimentale, instrumentale, passive et active qu'on emploie ; on arrive parfois à vaincre cette résistance, en faisant la suggestion à son insu, en le trompant à l'aide d'un subterfuge. Voici un exemple instructif que j'ai déjà rapporté : une jeune fille de dix-huit ans a depuis quatorze mois une psychonévrose traumatique de la main droite caractérisée par une paralysie de cette main qui ne peut ni s'ouvrir, ni se fermer complètement, et de plus une anesthésie totale exactement limitée à la ligne radio-carpienne du poignet. Tous les traitements, frictions, massages, électricité ont échoué. J'essaie la persuasion, les aimants, je mets tout en œuvre. La malade maintient sa paralysie.

Alors j'emploie un stratagème. Je dis à la malade que la paralysie persiste, mais qu'il peut cependant y avoir une légère amélioration par l'aimant que je viens d'appliquer, et pour m'en assurer, dis-je, je vais explorer la sensibilité avec l'épingle. Ayant constaté que la frontière de l'anesthésie est toujours sur la ligne radio-carpienne, je l'inscris sur la main avec un crayon rouge, mais à un travers de doigt en avant de la ligne réelle accusée par l'épingle, avançant ainsi frauduleusement la frontière, à l'insu de la malade. Puis je la laisse regarder la main en lui montrant la ligne rouge qui marque la limite de l'anesthésie. Avec l'épingle, je pique en avant de cette ligne, depuis l'extrémité des doigts d'avant en arrière, en insistant bien sur la persistance de l'anesthésie ; la malade suit avec attention. J'arrive à la ligne rouge, je pique à ce niveau, la malade sent : elle est tombée dans le piège.

Le lendemain par le même subterfuge, j'avance encore d'un travers de doigt. La malade reconnaît qu'elle a gagné du terrain. Je montre que la vie revient dans la main avec la sensibilité. En continuant ce système pendant quelques jours, je la guéris radicalement par cet artifice grossier qui surprend son cerveau et le suggestionne à son insu, l'empêchant ainsi d'inhiber la suggestion.

Je pourrais multiplier les exemples. C'en est assez pour établir que la psychothérapie comprend tous les procédés psychiques, suggestion verbale à l'état de veille ou de sommeil, persuasion rationnelle et émotive, suggestion incarnée dans des pratiques matérielles, massage, électrisation, éducation active et suggestive de la fonction troublée, artifices divers pour faire la suggestion à l'insu du malade, suggestions médicamenteuses, et tout ce qui introduit l'idée dans le cerveau, et l'incite à la réaliser, tous moyens variables suivant la nature de la maladie et la mentalité individuelle.

Il m'arrive encore parfois de suggérer le sommeil, soit que le malade le demande, croyant que la suggestion est plus efficace dans le sommeil, soit qu'il s'agisse d'un trouble morbide que la suggestion hypnotique combat plus efficacement. Tels l'insomnie nerveuse, les terreurs et les cauchemars pendant le sommeil, le somnambulisme nocturne. Dans ces cas, je tiens les yeux clos au sujet et lui dis de dormir ; je fais la suggestion dans cet état de concentration, sans trop me préoccuper de savoir quel est le degré du sommeil. Si le sujet me dit qu'il ne dort pas, je lui réponds : « Cela ne fait rien, ne vous inquiétez pas. La suggestion réussit aussi bien sans sommeil. Ce n'est pas le sommeil, c'est la suggestion qui vous guérit. Fermez les yeux et faites comme si vous dormiez, même si vous ne dormez pas. »

Contre l'insomnie nerveuse, je dois le dire, la suggestion échoue souvent parce que les malades ne peuvent réaliser la représentation mentale du sommeil. S'il s'agit de cauchemars nocturnes, je cherche à endormir le sujet ; et dans ce sommeil, ou état voisin du sommeil, je suggère le cauchemar ou le rêve somnambulique qui se produit spontanément dans son sommeil normal. Cela se réalise assez souvent ; alors j'efface ce rêve ou cette terreur, et je lui suggère de n'avoir plus peur, de ne plus avoir de rêves terrifiants, de rester tranquillement dans son lit, de se réveiller. J'ajoute : « Vous allez dormir de nouveau : je vous suggère le mauvais rêve, mais il ne viendra plus. » Je ne peux plus vous le donner. Et alors j'essaie en vain de le suggérer. J'apprends ainsi au malade à inhiber ma suggestion ou l'auto-suggestion terrifiante hallucinatoire. Ce procédé réussit souvent.

2) PSYCHOTHÉRAPIE SPÉCIALE DE L'HYSTÉRIE.

Un mot encore sur la psychothérapie spéciale de la crise d'hystérie et de la diathèse hystérique.

Et d'abord la crise d'hystérie, en pleine évolution, peut, dans la très grande majorité des cas, être arrêtée. Voici un malade que je ne connais pas : il fait sa crise. Qu'il se roule à terre, en proie à de violentes convulsions désordonnées avec strangulation, qu'il soit en contracture simple, les mâchoires serrées, qu'il soit en sommeil avec inconscience apparente, je coupe la crise par la parole suggestive. Si c'est le sommeil hystérique, je dis au patient qu'il va se réveiller, au besoin je lui ouvre les yeux en affirmant qu'il est réveillé. S'il est contracturé, j'écarte doucement les mâchoires serrées en disant : « Voyez, vous pouvez ouvrir et fermer la bouche. » Je rends la souplesse aux membres en fléchissant doucement le coude, les genoux, les poignets et disant au malade : « Voyez, votre coude, votre jambe, votre main peuvent se fléchir. » J'ajoute qu'il peut ouvrir les yeux, faire tous les mouvements, se lever. En procédant ainsi par insinuation douce, plutôt que par ordre impératif, en très peu de temps, variable d'une demi-heure à quelques minutes, la résolution est obtenue, et l'état normal reconstitué.

Si c'est une grande crise, je suggère la disparition de l'oppression et des grands mouvements, quelquefois je suggère le sommeil simple, calme, puis celui-ci obtenu, je réveille. Je ne brusque pas le malade, j'affirme doucement qu'il va retrouver son calme et que toute cette agitation nerveuse va disparaître. Le plus souvent, en peu de temps, cette suggestion verbale est efficace.

Quelques sujets sont plus rebelles. Il y a des sommeils hystériques qui résistent à l'injonction du réveil. Il y a de grandes convulsions irrésistibles auxquelles les sujets s'abandonnent avec une sorte de frénésie ;

l'auto-suggestion hystérisante semble plus forte que toute suggestion qu'on lui oppose.

Celle-ci cependant réussit, si on ne lui demande pas un succès immédiat. Tel un enfant qui a des sanglots irrésistibles et que les parents ont tort de vouloir réprimer sur-le-champ par une admonestation vigoureuse. Une suggestion douce arrête au bout du temps psychologique nécessaire cette émotivité lacrymatoire.

Ainsi en est-il parfois des crises d'hystérie. Lorsqu'elle paraît résister à la suggestion, soit que le sujet volontaire ne l'accepte pas, soit que l'orage déchaîné est trop violent, je n'insiste pas, je dis au malade : « Votre crise ne peut pas s'arrêter immédiatement. Mais rassurez-vous, ne faites aucun effort ; elle va s'arrêter spontanément. » En abandonnant le malade à lui-même, avec la confiance que je lui donne, l'accès diminue d'intensité et se dissipe en peu de temps.

De même qu'on peut couper un accès, on peut aussi le provoquer dans la grande majorité des cas ; et ce fait même, provocation possible de la crise, signe le diagnostic d'hystérie ; la crise d'épilepsie ne peut pas être provoquée par suggestion. Chez les sujets qui ont l'aura abdominale, ou la boule épigastrique, il suffit de toucher l'épigastre ou une région quelconque de l'abdomen qui devient sensible et hystérogène par affirmation. On dit : « Voici la douleur ; la boule monte au cou ; la crise vient », et elle éclate. Chez quelques-uns la simple affirmation de la crise suffit à la réaliser. Si l'aura ou sensation qui prélude à la crise part d'une autre région, thorax ou tête, par exemple, si c'est une anxiété respiratoire ou une céphalée vertigineuse, je touche ces régions en suggérant cette aura thoracique ou céphalique ; et la crise éclate ; elle peut être incomplète, ou complète ; elle se perfectionne par l'entraînement suggestif. Cette crise provoquée, je puis l'enrayer à volonté comme la crise spontanée.

Quand j'ai à traiter un hystérique, je commence en général par lui dire : « Je vais vous donner une crise, pour bien voir si c'est une crise nerveuse. Ne craignez rien : car je l'arrêterai tout de suite. » Alors je provoque la crise et je l'enraie pendant son évolution, par la suggestion. Cela fait, je dis au patient en souriant : « Voyez que je puis à volonté provoquer et arrêter une crise. Maintenant, je ne puis plus vous en donner. Vous ne la laisserez plus venir. Tenez, je presse de nouveau cette région que j'ai pressée tout à l'heure pour vous en donner une ; vous avez beau sentir une douleur, une boule qui veut monter ; mais elle ne monte plus, elle ne vous étouffe plus ; cela ne vient plus. En disant cela, je presse légèrement la région hystérogène ; le sujet a un peu de douleur, un peu d'anxiété, comme si la crise voulait éclater. Mais je le rassure en riant et en répétant : « Cela ne vient pas ; vous êtes maître de vous ; aucune crise ne peut aboutir ». Presque toujours, rassuré par cette suggestion calmante, et dominé par mon assurance, il apprend à faire inhibition. Je le fais rire, je l'exerce à dominer l'émotivité d'une sensation imminente de crise.

Cela fait, je fais mine de lui suggérer une crise. Pressant de nouveau la région qui était hystérogène, je dis : « Voilà la crise qui vient ; la boule monte, la gorge se serre. » Et j'ajoute à voix basse : « Mais, cela ne peut plus venir. » Le sujet, un instant impressionné par la suggestion hystérogène, se ressaisit : mon sourire le gagne et il ne laisse pas venir la crise. Voici la première leçon suggestive, elle suffit souvent à guérir une diathèse hystérique invétérée.

Je répète cette leçon tous les jours, j'apprends au patient à affronter tous les symptômes prémonitoires, boule, douleur, oppression, ou vertiges si l'aura est cérébrale, à subir la pression des régions hystérogènes, à supporter toutes les émotions, sans réaction psychodynamique ; il devient maître de lui.

Il est rare que trois jours se passent sans que la guérison définitive ait lieu ; il est exceptionnel qu'il faille plus de dix jours pour achever cette éducation. On est vraiment surpris de voir avec quelle facilité cette habitude psychonerveuse invétérée se perd ; et on peut dire que de toutes les psychonévroses, c'est l'hystérie qui est la plus facile à guérir.

Il y a cependant des cas qui paraissent au premier abord rebelles à la suggestion directe. Ils sont exceptionnels.

Voici, par exemple, une jeune fille, dans mon service d'hôpital, qui a depuis des années de grandes crises convulsives liées à de l'anxiété nerveuse, et qui se répètent une ou plusieurs fois par jour. J'essaie en vain par la suggestion de les enrayer, ou de les prévenir. Quand je veux l'enrayer, je ne réussis qu'à l'exaspérer. Ma suggestion inhibitoire provoque sa contre-suggestion hystérogène. La jeune fille est tellement impressionnable que le moindre attouchement, même le fait de m'approcher de son lit, provoque la crise.

Ce serait une erreur, dans ce cas que de s'acharner à faire la suggestion directe qui reste forcément inefficace, car elle n'a pas le temps d'intervenir, réveillant instinctivement l'auto-suggestion provocatrice. Même si la malade est docile, les efforts qu'elle fait pour empêcher la crise la provoquent. Que faire dans ce cas ? Rien ! Je rassure la jeune fille, je lui dis « Ce n'est pas votre faute, je sais que vous avez bonne volonté, mais c'est plus fort que vous. La suggestion que je fais fera cependant son effet. On ne vous tourmentera plus, on ne vous touchera plus ; et vous arriverez vous-même sans faire aucun effort à dominer ces crises qui ne signifient rien. Dans peu de temps, tout sera fini. » Je recommande à l'entourage de ne plus s'occuper de la malade et de ne faire aucune attention à ses crises. Je passe tous les jours devant son lit sans m'arrêter, en disant simplement : « Cela va bien », évitant de la toucher, de l'impressionner : au bout de trois jours, elle n'avait plus de crises. Je pus alors l'habituer à subir les attouchements, les pressions abdominales, les émotions impunément, et toute anxieuse qu'elle est restée, depuis des années elle n'a plus de crises de nerfs.

Ce mode de suggestion indirecte qui consiste à éviter au sujet toute impression vive, toute intervention directe, de ne pas le toucher, ni physiquement ni moralement, à le suggestionner par insinuation douce, sans en avoir l'air, réussit souvent aussi contre les autres psychonévroses.

Depuis près de vingt ans, je guéris toutes mes hystériques par la méthode que je viens d'exposer, sans hypnotisme ; je fais l'éducation des malades, je leur apprends à inhiber leurs crises, je leur donne confiance en elles-mêmes ; je varie d'ailleurs un peu les procédés pour les adapter à l'individualité de chaque sujet, et cela pour toutes les psychonévroses. Je n'ai pas trouvé une seule hystérique rebelle à la psychothérapie.

Le mot hystérie, bien entendu, ne s'applique qu'aux seules crises. Les maladies sur lesquelles l'hystérie peut se greffer, si elles sont toxiques ou organiques, ne sont pas justiciables du seul traitement psychique.

Telles sont les indications, tels sont les procédés de la psychothérapie. J'ai voulu établir, à la lumière des faits et d'une doctrine, qu'elle n'a rien de mystérieux, qu'elle est rationnelle et scientifique ; car l'organisme humain n'a pas que des propriétés physiques, chimiques, physiologiques et biologiques ; il a aussi des propriétés psychologiques. Les médecins ont voulu traiter le corps malade comme on traite un animal ou une plante malade, par exemple la vigne atteinte de phylloxéra. On purge, on saigne, on stimule, on combat la douleur, on améliore la circulation, on désinfecte, on tue les microbes, on intervient chirurgicalement, comme dans une machine détériorée. La thérapeutique médicale et chirurgicale a fait de grands progrès. Tout cela est fort bien. Mais on oublie parfois que l'esprit est aussi quelque chose dans notre organisme, qu'il n'est pas quantité négligeable dans notre vie physiologique et pathologique. Il existe une psychobiologie, il existe une psychothérapeutique. C'est ce que j'ai voulu établir.

CHAPITRE 15

ÉCOLE DE LA SALPÊTRIÈRE. — TROIS PHASES DE L'HYPNOTISME. —TRANSFERT PAR LES AIMANTS. — MÉTALLOTHÉRAPIE. — DÉFINITIONS DIVERSES DU MOT SUGGESTION. — DÉNATURATION DE MES IDÉES SUR LA SUGGESTION ET L'HYSTÉRIE.

1) ÉCOLE DE LA SALPÊTRIÈRE.

La doctrine que je viens d'exposer n'est pas encore universellement admise, ni peut-être comprise. La plupart des médecins restent malgré eux sous l'impression des expériences singulières auxquelles ils ont assisté et ne peuvent s'empêcher de croire qu'il y a là un état spécial, artificiel, qui n'est pas l'état normal. La découverte moderne du téléphone, du phonographe, de la télégraphie sans fil, leur donnent volontiers cette idée qu'il existe peut-être des forces inconnues, fluidiques ou autres, à la faveur desquelles se réalisent des phénomènes que nous observons, sans les expliquer. Sans doute la question de l'hypnose et de la suggestion est un peu dégagée de ses nébulosités mystérieuses ; elle ne serait cependant pas aussi simple que je le prétends.

L'hypnotisme, tel que l'avait compris et réalisé la Salpêtrière, n'est plus admis. Comme on parle encore aujourd'hui de l'école de la Salpêtrière et de l'école de Nancy, et que la question a un intérêt historique, je dois rappeler brièvement ce qu'enseignait la première école.

Charcot, qui expérimentait surtout chez les hystériques, considérait l'état hypnotique développé chez eux comme une véritable névrose qui serait constituée essentiellement par trois états ou trois périodes ayant des caractères différentiels très nets, et que l'on peut transformer l'un en l'autre au moyen de certains artifices.

Le premier est l'état *léthargique*. Il s'obtient soit par fixation du regard sur un objet brillant, soit en comprimant légèrement les globes oculaires à travers les paupières abaissées. La léthargie ainsi obtenue se caractérise essentiellement par l'apparence d'un sommeil profond, la résolution musculaire, l'anesthésie souvent complète, l'abolition de la vie intellectuelle ; les suggestions sont impossibles dans ce stade. Mais on observe l'hyperexcitabilité névro-musculaire : c'est-à-dire que tout muscle excité par pression ou friction légère se contracte ; la pression du nerf cubital, par exemple, fait contracter tous les muscles innervés par ce nerf et produit la griffe cubitale ; la pression du nerf facial produit la distension des traits de la face de son côté, en contractant les muscles qu'il innerve.

Le second état est l'état *cataleptique*. Les membres restent immobilisés dans l'attitude qu'on leur donne. Pour faire passer du premier au second, il suffit de soulever les paupières. Si un seul œil est ouvert, le côté correspondant entre en catalepsie, l'autre restant en léthargie, inerte. Une impression sensorielle soudaine et intense, telle que le bruit subit et inattendu du tam-tam, l'explosion d'un paquet de fulmicoton par une étincelle électrique, peut aussi d'emblée provoquer la catalepsie. Le cataleptique garde toutes les attitudes qu'on donne à ses membres : l'hyperexcitabilité névro-musculaire n'existe pas. On peut produire dans cette période des suggestions par le sens musculaire. Exemples : si les mains du sujet sont rapprochées comme pour envoyer un baiser, la figure devient souriante ; si elles sont jointes comme dans la prière, la figure devient sérieuse et le sujet se met à genoux.

On peut faire passer le sujet de nouveau à l'état léthargique, en lui fermant les paupières.

Le troisième état est l'état *somnambulique*. Il peut être produit primitivement par la fixation du regard et diverses pratiques. On transforme la léthargie ou la catalepsie en somnambulisme en exerçant sur le vertex ou sommet de la tête des frictions légères. Cet état est caractérisé par une anesthésie habituelle plus ou moins marquée, par une hyperacuité des sens, et surtout parce que le sujet en somnambulisme est hallucinable et apte à toutes les suggestions.

On peut transformer en sens inverse le somnambulisme en catalepsie, en ouvrant les yeux du sujet, ou en léthargie, en les fermant et en comprimant légèrement les globes oculaires.

Ces trois phases constitueraient ce qu'on a appelé le grand hypnotisme, ou la grande névrose hypnotique, à côté de laquelle il y a de petits hypnotismes dont les phénomènes sont moins caractéristiques, comme il y a la grande hystérie et les petits états hystériques.

Les élèves de la Salpêtrière ont aussi cru démontrer les phénomènes de transfert par l'aimant. Voici, par exemple, un sujet hypnotisé. Je lève son bras gauche verticalement et le mets en catalepsie dans cette attitude. Si alors j'applique un aimant sur le bras droit, au bout d'un certain nombre de secondes, ce bras s'élève verticalement et y reste en catalepsie, tandis que le bras gauche tombe inerte. Il y a eu transfert de la catalepsie au côté en rapport avec l'aimant. On peut de même transférer la contracture, la paralysie, l'anesthésie sensitive, tous les phénomènes provoqués dans l'état hypnotique. L'aimant transfère aussi les anesthésies sensorielles, cécité et surdité psychiques, les hallucinations unilatérales de la vue, de l'oreille, de l'odorat, du goût, du toucher d'un côté à l'autre. Ce transfert aurait lieu, sans l'intervention de la suggestion, par un simple phénomène physique ou physiologique dû à l'aimant.

Il y a plus de vingt-huit ans, j'ai montré que l'hypnotisme de la Salpêtrière, avec ses trois phases, avec ses phénomènes caractéristiques, l'hyperexcitabilité névro-musculaire dans la léthargie, la catalepsie par ouverture des yeux, le somnambulisme par friction du vertex, les phénomènes de transfert n'existent pas, que ces phénomènes divers ne se produisent pas, quand le sujet ne sait pas qu'ils doivent se produire ; la suggestion seule et l'imitation les ont réalisés. Les expérimentateurs ont créé à leur insu un hypnotisme de culture. C'était, il faut bien le dire, et personne n'en doute plus aujourd'hui, une erreur d'expérimentation.

L'hypnotisme de la Salpêtrière n'avait d'ailleurs aucune application pratique.

À cette époque régnait aussi la magnétothérapie et la métallothérapie. La première, comme nous l'avons dit, depuis le XVIIe siècle était reconnue efficace contre divers troubles nerveux dans le rapport d'Andry et Thouret à la Société royale de médecine. La seconde fut prônée au siècle dernier par le docteur Burcq et, après une longue période de scepticisme, elle finit par être expérimentée dans les hôpitaux de Paris. Les membres de la Société de biologie reconnurent que la métallothérapie avait une action esthésiogène, c'est-à-dire restaurait la sensibilité, perdue par un trouble fonctionnel, et augmentait la force musculaire. On étudia cette vertu pour les divers métaux. On crut reconnaître que Burcq n'avait pas été victime d'une honnête illusion.

L'Institut lui accorda une tardive récompense, réparation d'une longue injustice ! Et cependant, comme je l'ai démontré, cette vertu thérapeutique est purement suggestive ! Elle ne se manifeste pas quand le métal est appliqué à l'insu du sujet ! Personne ne s'en doutait alors. Et c'est une chose singulière que de voir les esprits les plus distingués, les meilleurs observateurs, membres de la Société de biologie et de l'Institut, suggestionnés à leur insu, trompés par l'apparence des faits, parce qu'ils n'étaient pas familiarisés avec la suggestion et qu'ils n'avaient pas appris à se prémunir contre la fissure suggestive. Ainsi en a-t-il été, par exemple, de l'hémianesthésie des hystériques, admise par tous comme un dogme classique, jusqu'à ce que j'eusse montré qu'elle était fabriquée. Et ce n'est pas le seul exemple d'erreur scientifique commise à la faveur d'auto-suggestion inconsciente !

Ce serait une belle page à écrire dans l'histoire des sciences. La vérité vraie, même avec des méthodes qu'on croit scientifiques, n'est pas toujours facile à établir.

Quand j'ai osé attaquer la doctrine de la Salpêtrière sur l'hypnotisme et l'hystérie qui paraissait si solidement établie, j'ai dû subir bien des critiques.

Aujourd'hui on a rompu avec l'ancien hypnotisme, avec l'ancienne hystérie, et on se rapproche de mes idées.

2) DÉFINITIONS DIVERSES DU MOT SUGGESTION.

On n'accepte qu'en partie ma conception de la suggestion, parce qu'on est encore, je le répète, sous l'impression de la pseudo-thaumaturgie hypnotique ; on ne peut pas se figurer que le mot suggestions ce succédané de l'hypnotisme n'implique pas autre chose que l'idée simple. Aussi les auteurs s'appliquent-ils à dénigrer ce mot, qui sent encore le fagot ; mais ils ne s'entendent pas sur la signification mauvaise qu'il faut lui donner.

Dubois, de Berne, comme je l'ai dit, pense arbitrairement « que la suggestion agit par les voies tortueuses de l'insinuation et s'adresse à la foi aveugle ». N'y a-t-il pas contradiction entre ses deux termes ? En tout cas, la suggestion serait une pratique déloyale. Pour Babinski, il n'y a suggestion que lorsque l'idée qu'on veut introduire « est déraisonnable ». Il n'y aurait pas de suggestion raisonnable. Quand un sujet a une paralysie psychique due à une illusion de l'esprit et que je le guéris en rectifiant son erreur, en restaurant la vérité, ce ne serait pas une suggestion parce qu'elle est raisonnable. Qu'est-ce qui est raisonnable ? Qu'est-ce qui est déraisonnable ? Quand je décide un brave homme à commettre une action blâmable, ce serait de la suggestion. Quand je le décide à faire une bonne action, ce serait de la persuasion.

Pour Camus et Pagnez, il y a suggestion lorsqu'une idée bonne ou mauvaise est introduite dans le cerveau d'un individu sans son contrôle. Le cerveau inhibe les fonctions psychiques supérieures. C'est aussi la définition de Grasset. « Dans la suggestion, le sujet obéit sans critiquer, sans raisonner, sans juger ; il n'a ni à accepter, ni à consentir ; il agit comme on le lui suggère. » Veut-on dire que le suggestionné devient automate ? Nous avons vu que c'est une erreur. Le suggestionneur médical fait ce que font l'avocat, le diplomate, le prêtre ; ils cherchent à captiver l'auditeur qui raisonne, critique, contrôle, mais qui peut finir par être persuadé, séduit. Est-ce de la suggestion ? Certainement, au même titre que celle du médecin. Si celui-ci inhibe le contrôle, les autres l'inhibent exactement de la même façon et on peut dire par les mêmes procédés, raison, sophisme, sentiment, artifices.

Tout ce qui agit sur le psychisme est suggestion. La thaumaturgie n'est pas du domaine médical. C'est ce que j'ai essayé de démontrer dans ce livre qui résume mes idées longuement mûries sur cette question.

3) DÉNATURATION DE MES IDÉES.

J'ai hésité à l'écrire, car ces idées, je les ai développées presque toutes dans mes publications antérieures. Si je me suis décidé à me répéter, c'est que j'ai pu me convaincre que certaines suggestions ont besoin d'être répétées souvent pour être comprises et assimilées. Combien mes idées sont mal connues et déformées par certains auteurs, je viens encore de le constater dans un grand article sur l'hystérie que MM. A. Binet et Th. Simon ont publié dans *l'Année psychologique* de 1910, et où tout ce qui me concerne est absolument fantaisiste et erroné, et où on cherche à attribuer à d'autres ce qui m'appartient ! Qu'on en juge par les passages suivants :

Il obtient le sommeil, disent-ils, par un ordre de dormir donné brutalement à haute voix. — Ce procédé n'a jamais été mien. — « Il admet que la suggestion est capable de provoquer tous les troubles vasomoteurs et trophiques. Il ne cesse pas d'insister sur la puissance indéfinie de cet agent. Il compte des interventions utiles de cet agent dans la neurasthénie et même dans les paralysies saturnines. » J'ai dit le contraire.

« Il n'a pas imaginé une théorie de la suggestion. Ce qu'il s'est surtout complu à montrer, c'est la toute-puissance de cet agent. » — « Il a un esprit qui s'inquiète peu des nuances. » Appréciation que je laisse à ses auteurs !

Plus tard, il est vrai, disent-ils, il est revenu sur les idées qu'il a émises « et il ne croit plus à la toute-puissance de la suggestion ; il pense que les phénomènes vasomoteurs, trophiques et autres, qu'on a décrits dans l'hystérie, ne sont pas du tout des phénomènes hystériques, c'est-à-dire suggérés. C'est l'idée de Babinski qu'il semble avoir adoptée sans en indiquer la provenance. »

Je ne sais vraiment pas où les auteurs ont puisé cette assertion étrange et fausse. Babinski, après m'avoir vivement combattu comme champion de la Salpêtrière, a fait graduellement une évolution vers mes idées.

« Je serais revenu sur la définition de l'hystérie et j'admettrais qu'elle constitue une entité morbide ou du moins un état nerveux qui ne se résout pas en suggestibilité. » — « Je confondrais hystérie avec émotivité ; je ne tiendrais pas compte des deux facteurs, influence extérieure et constitution mentale. » — Les lecteurs comprendront, s'ils peuvent, et jugeront la valeur de ces assertions erronées.

MM. A. Binet et Th. Simon semblent attribuer à Babinski le mérite d'avoir établi que les stigmates sont souvent créés par l'exploration médicale, notamment l'hémianesthésie et le rétrécissement du champ visuel.

Babinski lui-même n'a jamais revendiqué cette priorité et reconnaît qu'elle m'appartient ; elle est d'ailleurs indiscutable.

Je dois admettre que MM. A. Binet et Th. Simon, s'étant fait à priori une certaine conception sur ma doctrine de la suggestion et de l'hystérie, n'ont pas lu ou ont très légèrement lu mes publications afférentes à ces questions.

Je ne puis que les prier de lire avec soin ma « Conception de l'hystérie[1] », ma « Définition et traitement curatif de l'hystérie[2] », la thèse de mon élève le docteur Amselle[3], mon article sur l'anesthésie hystérique[4] qu'ils se contentent même de lire ma troisième édition d'*Hypnotisme, suggestion, hystérie, neurasthénie, psychonévrose, psychothérapie*, parue en février 1910, et qu'ils la comparent aux éditions précédentes ou à mon premier livre important paru en 1886, *De la suggestion et de ses applications à la thérapeutique*, première édition, pour s'assurer que mes idées ont mûri, mais ne se sont pas modifiées, que je suis resté moi-même ! Et alors, mieux documentés, ils pourront faire l'analyse critique de mon œuvre en connaissance de cause, et l'apprécier avec moins de désinvolture et plus de vérité scientifique !

---

1. Conception du mot hystérie, in *Critique des doctrines actuelles*, Paris, F. Doin, 1904.
2. AMSELLE : *Conception de l'hystérie*, thèse de Nancy, 1907.
3. « Définition et traitement curatif de l'hystérie », *in Revue générale de clinique et de la thérapeutique*, 1907.
4. « De l'anesthésie hystérique et son mécanisme psychique », in *Revue de médecine* 1901

Copyright © 2024 by Alicia Editions.
Credits : www.canva.com
Portrait du Docteur Bernheim - Wikimedia Commons
Tous droits réservés
Aucune partie de ce livre ne peut être reproduite sous quelque forme que ce soit ou par des moyens électroniques ou mécaniques, y compris les systèmes de stockage et de récupération d'informations, sans l'autorisation écrite de l'auteur et de l'éditeur à l'exception de l'utilisation de brèves citations dans une critique de livre.

www.ingramcontent.com/pod-product-compliance
Lightning Source LLC
LaVergne TN
LVHW032011070526
838202LV00059B/6390